# CÂNDIDA MISSÃO

Belo Horizonte
2022

EDIÇÃO: Vinha de Luz | Serviço Editorial
Departamento Editorial da Casa de Chico Xavier
Rua Felipe dos Santos, 901 | 10º andar
Lourdes | 30180-165 | Belo Horizonte | MG
(31) 2531-3200 | 2531-3300 | 3517-1537
www.vinhadeluz.com.br — informacoes@vinhadeluz.com.br
www.casadechicoxavier.com.br — informacoes@casadechicoxavier.com.br

COORDENAÇÃO EDITORIAL
Célia Maria de Oliveira Soares | Geraldo Lemos Neto | João Marcos Weguelin

COLABORAÇÃO
Conselho Editorial da Vinha de Luz Editora – *Departamento de Pesquisa*

CAPA
Thiago Panegassi Lopes de Campos | Célia Maria de Oliveira Soares

IMAGEM DA CAPA | VINHETAS
*In*: lua <https://stringfixer.com/files/87643047.jpg>. Acesso em: 14 fev. 2022.

ILUSTRAÇÃO DA P. 6-7
Erik Pitkowsky

ILUSTRAÇÃO DA P. 13
*In*: < https://espiritismosemfronteiras.com.br/jose-machado-tosta/#prettyPhoto/0/>.
Acesso em: 15 mar. 2022.

FOTOGRAFIAS DAS SEPARATÓRIAS
*Acervo documental e imagético da Casa de Chico Xavier de Pedro Leopoldo, MG*

PROJETO GRÁFICO | TRATAMENTO DE IMAGENS | DIAGRAMAÇÃO
REVISÃO TÉCNICO-CIENTÍFICA
Célia Maria de Oliveira Soares

1ª edição — maio 2022 | 1.000 exemplares

**Dados Internacionais de Catalogação na Publicação (CIP)**
**(Câmara Brasileira do Livro, SP, Brasil)**

Cândida missão / ditado por Espíritos Diversos ; [psicografado por] Francisco Cândido Xavier ; organização João Marcos Weguelin. -- 1. ed. -- Belo Horizonte, MG : Vinha de Luz, 2022.

ISBN : 978-65-86606-05-8

1. Espiritismo 2. Médiuns - Brasil - Biografia 3. Obras psicografadas 4. Psicografia 5. Xavier, Francisco Cândido, 1910-2002 I. Xavier, Chico. II. Xavier, Francisco Cândido, 1910-2002. II. Weguelin, João Marcos. III. Título.

22-107811      CDD - 133.93

Índices para catálogo sistemático :

1. Xavier, Chico : Mensagens mediúnicas psicografadas : Espiritismo 133.93

Aline Graziele Benitez - Bibliotecária - CRB-1/3129

© 2022, Vinha de Luz Serviço Editorial Ltda. Direitos autorais e de publicação cedidos à Vinha de Luz Serviço Editorial Ltda., Belo Horizonte | MG. Proibida a reprodução, armazenamento ou transmissão de partes deste livro, através de quaisquer meios, sem prévia autorização por escrito da Editora. Os recursos advindos da venda desta obra serão destinados à manutenção das atividades promovidas pelo Grupo Espírita Scheilla de Pedro Leopoldo, Minas Gerais, especialmente a sua unidade conhecida como Casa de Chico Xavier de Pedro Leopoldo, e do Grupo Espírita Saber Amar de Belo Horizonte, Minas Gerais (Av. Álvares Cabral, 1777 – Loja 604 – Santo Agostinho).

Nos 95 anos
de mediunidade de
CHICO XAVIER

1927 – 2022

# DEDICATÓRIA

A **Maria de São João de Deus**,
*nosso preito de
eterno amor e gratidão.*

O inesquecível biógrafo Rafael Américo Ranieri, amigo de Chico Xavier, em uma de suas obras resgatou palestra de Maria Xavier Pena em homenagem à sua mãe, Maria de São João de Deus.[1]

Registramos parte dela:

"Maria João de Deus nasceu em Santa Luzia em 1881, no Hospital João de Deus, o que deu origem ao seu nome. (...) Era filha única e só conheceu a mãe, que se chamava Francelina."[2]

"(...) Maria João de Deus casou-se aos 13 anos de idade com João Cândido Xavier. Nessa época trabalhavam ambos na Fábrica de Marzagânia, distrito de Sabará."

"Mamãe deixou uma semente de amor no coração de cada filho, pelas suas expressões de bondade e de simplicidade."

---

[1] Do livro *O prisioneiro do Cristo* (LAKE, 1978, p. 86), que reproduz a palestra ministrada em 20 de outubro de 1973, no Centro Oriente, em Belo Horizonte, MG. Importante: conforme pesquisa de Jhon Harley (*O voo da garça – Chico Xavier em Pedro Leopoldo | 1910-1959* (Vinha de Luz, 2013, p. 51-61), o nome correto da mãe de Chico Xavier, como registrado em sua certidão de nascimento, é MARIA DE SÃO JOÃO DE DEUS. [2] Segundo Maria da Conceição, a avó materna também tinha mediunidade: *"Eu não conheci a minha avó materna, mas minhas irmãs sempre contavam que ela ouvia vozes e discutia muito, falando sozinha; brigava com alguém invisível e custava muito a dormir à noite, vigiando nosso sono. Hoje é que nós sabemos do que acontecia. Viveu com mamãe até desencarnar"*. Da mesma obra de Ranieri.

"Eu recordo aquela criatura que soube ser mãe dedicada, esposa responsável e fiel, sem medir sacrifícios, mesmo nas fases mais aflitivas da nossa vida."

"Me vem à lembrança uma época em que papai lutava com muitas dificuldades para manter a família e mamãe sempre acatava com um sorriso, ainda que fosse triste, as ideias e a vontade do chefe da casa. Tínhamos um pequeno armazém, que naquele tempo chamávamos venda (...)."

"(...) Lá em casa todo mundo tinha uma obrigação, que precisava cumprir. Enquanto não cumprisse a tarefa marcada por mamãe, não podia brincar. As tarefas eram simples, fáceis de realizar porque o lar era muito pobre materialmente falando, mas sempre eu notei na minha infantilidade e mesmo agora eu me lembro que havia muita paz e nós todos tínhamos um respeito que era até veneração por Maria João de Deus!"

"Ela era calada, tinha uma fisionomia serena e muito tranquila; nunca vi mamãe reclamando, nem chorando, nem discutindo com papai e com minhas irmãs maiores. Nos ensinava mais com exemplos do que com palavras. Pelo olhar com que ela recebia os nossos malfeitos, em silêncio ela exprimia tudo e para nós doía como uma chicotada no coração. Aquele que tinha sido repreendido, sentava num canto para estudar a maneira de se aproximar do coração de Maria João de Deus."

"Às vezes quando ficávamos muito ressentidos, tristonhos, sem querer reerguer a cabeça, então ela vinha devagarinho, dava uma ordem para levar um recado a papai na venda ou a uma amiga e assim as mágoas de ambos (mãe e filho) desfaziam e tudo continuava normal."

"(...) Desencarnou aos 34 anos de idade, no dia 29/09/1915, deixando 9 filhos."

*"Mamãe nos ensinou a orar e amar a Deus da forma que ela amava: trabalhando, sofrendo sem reclamar, cultivando o amor em nossos corações. Ela procurava ser compreensiva com todos; tinha muitas amigas, concordava com os vizinhos e nossa casa era sempre procurada por pessoas que gostavam de conversar com ela, pedir conselhos, ajuda, as mais das vezes espirituais. Conforme os conselhos que ela ia dar, eu recordo que gostava de ficar a sós com a pessoa, não consentindo que nós ouvíssemos os particulares que as amigas lhe falavam, pedindo ajuda. Nos pedia um copo d'água e quem estivesse na sala devia entrar e não voltar com quem trouxesse a água. Ao levar o copo para dentro, devia ficar também o filho que tinha se desincumbido do encargo."*

*"(...) O nosso jantar era muito cedo – 4 horas – e mamãe gostava de fazer crochê. À tarde, então depois que lavavam os pratos, sentavam todos os filhos em volta dela, num passeio que tinha na porta da rua. Ali brincávamos com as outras crianças, enquanto ela tecia e de vez em quando passava algum amigo ou amiga, cumprimentava, parava um pouquinho com ela, palestravam, e Maria João de Deus não nos perdia de vista. Não podíamos ir longe, a recomendação era sempre a mesma: brinquem só por perto, daqui a pouco vamos entrar. E a gente obedecia, porque senão entrávamos mais cedo."*

*"Fazíamos os deveres de escola, ela tomava tabuada, pontos, ensinava o Pai Nosso e todo mundo ia dormir. (...)"*

A mãe de Chico Xavier esteve presente na primeira reunião do Centro Espírita Luiz Gonzaga, quando ele psicografou uma mensagem dela.

Em 1932, o médium psicografou *Cartas de uma morta* pelo espírito Maria de São João de Deus, seu segundo livro, publicado pela Livraria Allan Kardec Editora (LAKE). Ao longo de décadas, Maria de São João de Deus compôs a equipe de mentores espirituais de Chico Xavier, dos quais fazem parte Emmanuel, André Luiz, o Dr. Bezerra de Menezes, dentre muitos outros.

# A reencarnação da mãe de Chico, Maria de São João de Deus

O ano era 1997, numa terça-feira à noite. Quando chegamos para visitá-lo, ele contou-nos o seguinte caso:

– Hoje minha mãe me apareceu e disse-me:

– Meu filho, após tantos anos de estudos no mundo espiritual estou me formando assistente social. Venho me despedir e dizer que não mais vou aparecer a você.

– Mas a senhora vai me abandonar?

– Não, meu filho. Imagine você que seu pai precisa renascer e disse-me que só reencarna se eu vier como esposa dele. Fui falar com Cidália, sua segunda mãe, que criou vocês com tanto carinho e jamais fez diferença entre os meus filhos e os dela. Ela contou-me que também precisa voltar à Terra.

Então eu disse:

– Cidália, você foi tão boa para meus filhos, fez tantos sacrifícios por eles, suportou tantas humilhações... Nunca me esqueci quando você disse ao João Cândido que só casaria com ele se fosse buscar meus filhos, que estavam espalhados por várias casas, para que você os criasse. Desde minha decisão de voltar ao corpo, tenho refletido muito sobre tudo isso e venho perguntar-lhe se você aceitaria nascer como nossa primeira filha?

*Abraçamo-nos e choramos muito. Quando me despedi dela, perguntei-lhe:*

*– Cidália, há alguma coisa que eu possa fazer por você quando eu for sua mãe?*

*Ela me respondeu:*

*– Dona Maria, eu sempre tive inclinação para a música e nunca pude me aproximar de um instrumento. Sempre amei o piano.*

*– Pois bem, minha filha, vou imprimir no meu coração o desejo para que minha primeira filha venha com inclinação para a música. Jesus há de nos proporcionar a alegria de possuirmos um piano.*

*A esta altura da narrativa Chico estava banhado em lágrimas e nós também. Mas continuou a falar de Dona Maria...*

*– Seu pai vai reencarnar em 1997. Vou ficar com ele por aproximadamente três anos e reencarnarei nos primeiros meses do ano 2000.*

*– Mas a senhora já sofreu tanto e vai renascer para ser esposa e mãe novamente?*

*– São os sacrifícios do amor... Até um dia, meu filho...*

*Neste momento, concluiu o Chico, também ela começou a chorar...*[3]

---

[3] Do livro *Momentos com Chico Xavier*, de Adelino da Silveira (Leepp, 2018. p. 85-86).

## Homenagem especial

José Machado Tosta

A Chico Xavier, seareiro inesquecível, exemplo de candura, amor e bondade, cujo legado joga luz na escuridão da nossa jornada terrestre, fazendo-nos buscar a claridade que não temos através dos sublimes ensinamentos que nos deixou.

Às publicações não espíritas, que nos legaram as mensagens de Chico Xavier, e que contribuíram para a divulgação da Doutrina Espírita.

Aos companheiros e colaboradores da Vinha de Luz Editora, que nos apoiaram em todos os momentos e nos permitem a publicação de cada livro, especialmente às portuguesas Maria José Cunha, por nos ter incitado a percorrer caminhos esquecidos e novos em torno da vida e da obra do médium mineiro, e Noemia Maria José, que nos auxiliou, em 2012, nas pesquisas iniciais junto à Biblioteca de Lisboa, nos exemplares oitocentistas do *Novo Almanaque de Lembranças Luso-Brasileiro*, e também a Erik Pitkowsky, pela ilustração de D. Maria de São João de Deus, mãe de Chico Xavier, a quem dedicamos esta obra.

A D. Isabel de Aragão, a Rainha Santa de Portugal, que, com certeza, nos inspirou e guiou neste trabalho.

# AGRADECIMENTOS

Chico Xavier e Geraldo Lemos Neto cumprimentando Márcia Queiroz Baccelli e Zilda Batista respectivamente, no Grupo Espírita da Prece em Uberaba, MG

# Prefácio

Carlos A. Baccelli .................................................................. 21

# Introdução

Uma jornada gloriosa ............................................................ 25

Aurora – Os primeiros passos ................................................ 29
Mistérios ................................................................................ 30

# Gazeta de Notícias

O grande divulgador das religiões ......................................... 42

Exultemos .............................................................................. 44
Lágrimas ................................................................................ 46
O trabalho ............................................................................. 47
O consolador ......................................................................... 48
Deus ...................................................................................... 50
Caminhemos para Deus ........................................................ 52
Amemo-nos ........................................................................... 54
A caridade ............................................................................. 56
A ignorância .......................................................................... 58
A boa árvore ......................................................................... 60
Reflexões ............................................................................... 62
A luta .................................................................................... 64

# O Jornal

Um baluarte da imprensa em favor da notícia e da cultura ..... 68

O berço vazio ........................................................................ 69
Mater dolorosa ...................................................................... 71
Mãe ....................................................................................... 73
Canto materno ...................................................................... 75

# Jornal das Moças

Um semanário indispensável para a mulher .......................... 79

Sóror Angélica ............................................................. 81
Harmonia da dor .......................................................... 85
As duas irmãs .............................................................. 86
A felicidade ................................................................. 93
Virgem morta ............................................................... 95
Regresso do sonhador ................................................... 96
Redivivo ...................................................................... 98
Penitente feliz .............................................................. 99
Árvores ..................................................................... 100
Aconselhando-me ....................................................... 101
Avozinha ................................................................... 102
Ânsia eterna .............................................................. 104
Sobre a dor ............................................................... 105
Pobre velhinha ........................................................... 106

# Novo Almanaque de Lembranças Luso-Brasileiro

Unindo a cultura e a literatura dos países
de língua portuguesa ................................................. 111

Enigma ..................................................................... 131
Crepuscular ............................................................... 132
Charada .................................................................... 134
Logogrifo ................................................................... 137
Charada .................................................................... 138
Soneto ...................................................................... 139
Charada .................................................................... 140
Senhora da amargura ................................................. 142

# Diário da Noite

Os poderosos Diários Associados e as dolorosas
recordações da guerra ................................................ 145

| | | |
|---|---|---|
| 1936 | | Soneto (Augusto dos Anjos) .................................. 146 |
| | | Celeste Jeremias (Antero de Quental) ................. 147 |
| | | Mensagem (Luiz Antônio de Araújo) ................... 148 |
| | | Diante da imprensa (Nilo Peçanha) ..................... 150 |
| 1938 | | Caminham para o esgotamento... (Emmanuel) ..... 154 |
| 1939 | | Mensagem de Emmanuel (Emmanuel) ................. 158 |
| | | Soneto (Olavo Bilac) ............................................ 160 |
| | | A guerra e o mundo dos espíritos (Emmanuel) ....... 161 |
| | | Os mais sombrios vaticínios... (Emmanuel) ........... 163 |
| | | O arrasamento das organizações... (Emmanuel) .... 166 |
| | | A Era Nova (Emmanuel) ....................................... 171 |

# Correio da Manhã

*Atravessando as décadas de mãos dadas com o Espiritismo* ... 176

Fred Figner .......................................................... 177

1936 | Mensagem de Emmanuel ..................................... 182
O Evangelho e a atualidade (Emmanuel) .............. 184

1937 | O Brasil e a atualidade... (Torres Homem) ............ 187
Em favor do Brasil (Torres Homem) ..................... 193
O novo apostolado (Emmanuel) ........................... 197
Mensagem de Carlos de Campos ........................ 202
Piratininga (Humberto de Campos) ...................... 207
O perigo dos extremismos (João Pessoa) .............. 210

1938 | Mensagem de Nina Arueira .................................. 215
O destino dos judeus (Emmanuel) ....................... 220

1941 | Coisas do Carnaval (Humberto de Campos) .......... 223
Dois de Novembro (Emmanuel) ........................... 228

1944 | A missão do Brasil no concerto... (Emmanuel) ...... 231

# Referências bibliográficas

........................................................................................... 237

# Anexo A

Extras ..................................................................... 239

## Nação Brasileira

1936 |     O médium de Pedro Leopoldo ........................... 241
                O monstro (Antero de Quental) ...................... 242
                Soneto (Augusto dos Anjos) .......................... 243
                De Nilo Peçanha (Nilo Peçanha) ...................... 244

## A Nação

1937 |     Nas fronteiras do Outro Mundo (Nilo Peçanha) .... 249

# Leia também

........................................................................................... 251

# PREFÁCIO

Este novo e inédito livro da abençoada lavra mediúnica de Chico Xavier nos primeiros tempos de sua tarefa missionária, organizado pelo confrade João Marcos Weguelin, incansável pesquisador das letras espíritas, e publicado pela Vinha de Luz Editora, sob a responsabilidade do devotado amigo Geraldo Lemos Neto, é um tesouro que se encontrava perdido.

Semelhantemente ao *Obras da fé,* ao *Palavras sublimes* e ao *Cartas do Alto,* este novo volume vem compor mais um capítulo da extraordinária biografia do médium Chico Xavier, cuja intensidade e qualidade de sua produção literária, no campo da mediunidade com Jesus, realmente nos espanta.

Através do singular medianeiro, desde os idos de 1927, quando, então, contava com apenas 17 de idade, os espíritos amigos escreveram com a espontaneidade que a água cristalina da fonte jorra do seio da terra, fecundando o solo árido e aplacando a sede a quem dela se aproxima com os lábios ressequidos.

Com mais este livro, que, agora, vem a lume, compreendemos que, sem ele, e os demais que, ultimamente, têm sido publicados pela Vinha de Luz Editora, a biografia de Chico Xavier jamais se completaria. Recordo-me de que os textos, em prosa ou verso, que, nos mais diversos periódicos da época, espíritas e não espíritas, fizera publicar sob a responsabilidade de sua autoria, ao simplesmente assiná-los "F. Xavier", segundo ele próprio nos dizia, sempre pertenceram aos espíritos, e não a si, que assim agia por sequer se achar à altura de ser mero instrumento de seus verdadeiros autores intelectuais.

*"Meu filho,"* – ele nos dizia – *"quem era eu para ser médium de Castro Alves, Augusto dos Anjos, Antero de Quental, e tantos outros?... Eu... que sequer poderia ser considerado alguém completamente alfabetizado?..."* E acrescentou: *"Foi por ordem de Emmanuel que resolvi consentir que os espíritos, principalmente os poetas e literatos famosos, assinassem por meu intermédio as páginas que pertenciam a eles, e não a mim. Emmanuel me falou, que eu, por estar com medo da crítica, estava agindo com excessivo escrúpulo... Que se eu não assinasse as páginas, que não eram minhas, conforme os espíritos queriam, ele, então, passaria a assinar por todos eles! 'Olha, Chico' – ele me disse –, 'já que você não tem coragem, eu assumo!'... Então, eu não tive escolha, e foi assim que, a partir de 1931, eu comecei a deixar que os espíritos, para divulgação de caráter público, assinassem as suas páginas por meu intermédio, porque, antes, um ou outro as assinava, mas eu não tinha coragem de exibi-las... Se não fosse por Emmanuel, eu jamais teria publicado o Parnaso!..."*

De fato, não se tem como distinguir as produções literárias, em prosa e verso, que saíam assinadas por "F. Xavier" ou, então, pelos espíritos, seus autores, porque, Chico, médium estreante na psicografia desde os 13 de idade, quando participou de um concurso de redação, de âmbito estadual, promovido pela Secretaria de Educação do Estado de Minas Gerais, sobre o centenário do descobrimento do Brasil, já nada mais produzia intelectualmente de si mesmo – o tempo todo eram os espíritos a falarem e a escreverem por seu intermédio, porque a verdade é que ele nasceu médium, com as faculdades de clarividência e clariaudiência a lhe manifestarem aos 5 de idade! Chico, sem dúvida, foi o maior e mais legítimo fenômeno mediúnico da história da humanidade!

Os livros que, de alguns anos a esta parte, vêm sendo publicados pela Vinha de Luz, pela iniciativa de Geraldo Lemos Neto, verdadeiro "mecenas" da Doutrina, e, em particular, da obra de Chico, constituem um capítulo à parte na biografia do médium, ensejando-nos mais ampla e profunda compreensão de seu trabalho, que transcende a estreita compreensão dos que se detêm apenas a examinar a produção mediúnica considerada oficial.

Chico sempre foi e continua sendo... surpreendente!

Este livro, que ora está sendo editado, é apenas mais uma das surpresas que a sua mediunidade ímpar nos reserva, dando-nos a certeza de que na presença de Chico, os que tivemos a oportunidade de com ele privar, fosse em Pedro Leopoldo, ou em Uberaba, sempre estivemos na presença de um dos mais lúcidos discípulos do Cristo, que, em nossa modesta opinião, foi a reencarnação do próprio Codificador!

A extensa obra realizada por ele, ao longo de 75 anos de profícuo labor, tanto no campo mediúnico quanto no campo pessoal, é mais que suficiente para endossar o que afirmamos, lançando por terra, por falta de fundamentação lógica, todo e qualquer argumento em contrário.

Uberaba - MG, 20 de outubro de 2014.

## Carlos A. Baccelli

## Uma jornada gloriosa

Apresentamos ao amigo leitor mais uma obra da prodigiosa e abençoada mediunidade de Francisco Cândido Xavier.

Esta é a sétima obra organizada por nós, cujo conteúdo fundamental sempre esteve ligado à memória do Espiritismo. O livro *Memória Espírita – Papéis velhos e histórias de luz*, lançado pelas Edições Léon Denis, em 2005, iniciou essa trajetória, contando a história do Espiritismo no Rio de Janeiro do século XIX, a partir dos textos originais de jornais e revistas, espíritas e não espíritas, daquele período, dando a oportunidade ao leitor de conhecer essas sementes luminosas exatamente como elas foram noticiadas pela primeira vez.

Em 2012, vieram mais dois livros, então lançados pela Vinha de Luz Editora, estartando uma fase essencialmente dirigida às mensagens de Chico Xavier que não localizamos em nenhum de seus livros, compreendidos na vasta coleção que hoje chega a 537 obras. Foi assim que surgiram *Chico Xavier – A aurora de uma vida entre o Céu e a Terra* e *Lições para Angelita*.

*Chico Xavier – A aurora de uma vida entre o Céu e a Terra* compreende mensagens de Chico Xavier entre 1928 e 1933, que foram enviadas para o jornal espírita *Aurora*, de Inácio Bittencourt, no Rio de Janeiro. São mensagens em prosa e verso, mas a maior parte delas é composta de sonetos. Nessa obra, não há a identificação do espírito comunicante, em vista de que o inolvidável médium mineiro se encontrava ainda desenvolvendo a sua mediunidade e cioso de identificar o emissário da mensagem como esse ou aquele espírito. Posteriormente, verificou-se que algumas mensagens foram produzidas pelo próprio médium, o que só faz tornar a obra ainda mais atraente.

Lições para Angelita é um livro dedicado ao público infanto-juvenil, cujo autor é o eminente poeta lírico português João de Deus de Nogueira Ramos. As mensagens de João de Deus se espalharam por dezenas de livros de Chico Xavier – inclusive há o Jardim da Infância (Federação Espírita Brasileira - FEB, 1947), de mensagens exclusivamente suas. João de Deus acompanhou, efetivamente, por longas décadas, a mediunidade de Chico Xavier, sendo um colaborador constante desde Parnaso de além-túmulo (FEB, 1932), a primeira obra editada do médium mineiro. Para se ter uma ideia, localizamos escritos seus até no livro Agenda de luz, publicado em 1998 (Instituto Divulgação Editora André Luiz - Ideal), tendo ele colaborado com Chico Xavier no curso de todos esses anos, fazendo dessa parceria uma das mais duradouras.

Em Lições para Angelita, obra psicografada por Chico Xavier em 1930, quando ele tinha apenas 20 anos, a mãe de Angelita vai ensinando a filha sobre a vida, com a doçura de uma mãe extremosa. Ela faz isso a partir do dia a dia da própria Angelita, mas também através das perguntas que a menina faz a ela. As lições da mãe amorosa para a filha encantadora são um baú de sabedoria, não só para crianças e jovens, mas para pessoas de todas as idades. Essa obra também foi enviada ao jornal Aurora e tornou-se livro 82 anos depois, em 2012, em função da nossa pesquisa encetada nos originais do jornal arquivados na Biblioteca Nacional.

Por ocasião do aniversário de 10 anos da Vinha de Luz Editora, em 2014, organizamos o livro Obras da fé, uma coletânea de trechos de mensagens psicografadas por Francisco Cândido Xavier compulsados dos livros da editora lançados desde sua fundação, como Sementeira de luz, pelo espírito Neio Lúcio, organizado por Wanda Amorim Joviano (2006), Pérolas de sabedoria, pelo espírito Neio Lúcio, organizado por Braz José Marques (2008), *Deus conosco*, pelo espírito Emmanuel, organizado por Geraldo Lemos Neto e Wanda Amorim Joviano (2007), *Iluminuras*, pelo espírito Emmanuel, organizado por Cezar Carneiro de Souza (2008), *Militares no Além*, por espíritos diversos, organizado por Wanda Amorim Joviano (2009), *Sementeira de paz*, pelo espírito Neio Lúcio, organizado por Wanda Amorim Joviano (2010), *Chico Xavier – O primeiro livro*, por espíritos diversos, organizado por Geraldo Lemos Neto e Sérgio Luiz Ferreira Gonçalves (2010), *Colheita do bem*, pelo espírito Neio Lúcio, organizado por Wanda Amorim Joviano (2010), *Luz na Escola – Chico Xavier na Escola Jesus Cristo de Campos | RJ*, por espíritos diversos, organizado por Clóvis Tavares e Flávio Mussa Tavares (2010), *Depois da travessia*, por espíritos diversos, organizado por Geraldo Lemos Neto e Wanda Amorim Joviano (2013), numa parceria com a Didier Editora, de Votuporanga, SP, *Registros imortais*, por espíritos diversos, organizado por Eugênio Eustáquio dos Santos (2013), e *Militares com Jesus*, por espíritos diversos, organizado por Cezar Carneiro de Souza (2013).

Na sequência, foram publicadas as duas obras que contêm as mensagens que Chico Xavier publicou na revista *Reformador* (FEB), e que ainda permaneciam inéditas em livro – *Palavras sublimes* (2014), que reúne a primeira parte dessas mensagens, de 1933 a 1950, e *Cartas do Alto* (2017), com as demais, de 1950 a 2000 – ambas de espíritos diversos.

Chegamos, então, estimado leitor, a este livro que você tem nas mãos. Ele fecha a fase de mensagens que foram enviadas ao Rio de Janeiro, iniciada com o *Chico Xavier – A aurora de uma vida entre o Céu e a Terra* e o *Lições para Angelita*. Incluímos aqui as mensagens que foram publicadas nos jornais cariocas *Gazeta de Notícias*, *Jornal das Moças*, *O Jornal*, *Diário da Noite* e *Correio da Manhã*, além das que foram enviadas para o *Novo Almanaque de Lembranças Luso-Brasileiro*, que circulava, simultaneamente, no Brasil e em Portugal. O material engloba as mensagens de Chico Xavier publicadas nos primeiros anos de sua mediunidade, entre 1928 e 1932, à exceção das matérias do *Diário da Noite*, que vão de 1936 a 1940, e as do *Correio da Manhã*, no período de 1936 a 1944.

Nossa jornada até aqui foi muito longa. Em *Chico Xavier – A aurora de uma vida entre o Céu e a Terra*, reproduzimos "Exultemos", a primeira mensagem que Chico publicou na vida, antes de qualquer um de seus livros. Boa parte das mensagens do nosso atual livro também vieram a lume antes de *Parnaso de além-túmulo*, quando Chico trilhava os primeiros passos de sua jornada no Espiritismo, estando a sua mediunidade psicográfica ainda em desenvolvimento. No alvorecer da década de 30, do século passado, Chico Xavier deu início à fase em que já tinha pleno domínio de seu ofício de iluminar as consciências do mundo, através do seu intercâmbio com o plano invisível.

O leitor encontrará aqui um valioso repositório de conhecimento e de sabedoria com a assinatura do maior médium de todos os tempos depois de Jesus, o que, por si só, assegura o acesso a mensagens edificantes e da mais alta espiritualidade, e de espíritos como Antero de Quental, Augusto dos Anjos, Auta de Souza, Emmanuel, Humberto de Campos, Nina Arueira, Olavo Bilac, entre outros.

Todo o nosso esforço de pesquisa foi feito no sentido de manter a originalidade dos textos – em sua grafia e pontuação, sem qualquer adulteração, tal como foram divulgados –, e de não deixar de fora nenhuma matéria inédita em livro. Contudo, devido às milhares de páginas consultadas, alguma pode ter passado imperceptível e, se isso de fato aconteceu, deixamos aqui os nossos mais sinceros pedidos de desculpas.

Que o divino Mestre da Galileia nos inspire a todos nesta jornada, derramando sobre nós uma chuva de bênçãos, irrigando os horizontes de nossas mentes para a compreensão de tão sublimes conceitos, que, assimilados e postos em ação, possam frutificar na consolidação de um planeta regenerado, onde o amor, a caridade e a fraternidade genuínos sejam o alicerce da nossa vida imortal.

## *Aurora* – *Os primeiros passos*

As primeiras produções de texto de Francisco Cândido Xavier foram publicadas no jornal espírita *Aurora*, do Rio de Janeiro. Não há registro de nenhuma mensagem do médium mineiro que tenha sido publicada em jornal, revista ou livro antes das mensagens encontradas no *Aurora*. Essas mensagens, em número de 104, foram reunidas pelo organizador desta obra, que consultou os exemplares do *Aurora* na Biblioteca Nacional entre 1928 e 1933. O conjunto do material encontrado foi publicado pela Vinha de Luz Editora em dois livros, em julho de 2012: *Chico Xavier – A aurora de uma vida entre o Céu e a Terra* e *Lições para Angelita*.

Para comprovar que as mensagens que compõem esses livros estão entre as que inicialmente foram psicografadas por Chico Xavier e, seguramente, as primeiras que foram publicadas, é suficiente informar que a primeira delas saiu no *Aurora* oito dias após ele completar o seu primeiro ano de mediunidade. Naquela época, seus amigos mais próximos queriam dar publicidade às poesias e às mensagens que o médium mineiro recebia e foi então que começaram a enviar essas mensagens para diversos jornais cariocas, dos quais o *Aurora* foi o pioneiro.

Nesse período em que foram publicadas as matérias no jornal *Aurora*, Chico Xavier teve lançados os seus dois primeiros livros: *Parnaso de além-túmulo*, editado pela FEB, em 1932, e *Cartas de uma morta*, lançado pela Livraria Allan Kardec Editora (LAKE), no mesmo ano.

A maior parte das mensagens que compõem o livro *Chico Xavier – A aurora de uma vida entre o Céu e a Terra* é de poesias em forma de soneto, quase sempre estampadas na primeira página do jornal. Mas há também material em prosa, com os temas os mais pertinentes, como as mensagens "A caridade", "A harmonia", "O caminho" e "Perdoar".

Na segunda parte da obra, os textos em prosa aparecem com maior frequência. Destacamos uma série de matérias sobre religião, como "Questão religiosa", "Apascentar ovelhas", "Igreja pequena" e "Jesus e o Catolicismo". Há também textos sobre diversos assuntos, como "Liberdade de consciência", "O Espiritismo na atualidade", "Época transitória", "A lei da reencarnação", entre outros.

Desse jornal também saíram as vinte mensagens que compõem o livro *Lições para Angelita*, do espírito João de Deus, o eminente poeta lírico português. Ao longo dessas vinte mensagens, a mãe de Angelita vai ensinando a filha sobre a vida, com a doçura e o carinho de uma mãe amorosa. Ela faz isso a partir do dia a dia da própria Angelita, mas também através das perguntas que a menina faz a ela.

## Mistérios

Ao organizarmos esta obra, com a colaboração da equipe de pesquisa da Vinha de Luz Editora, título que fecha a coleção dos livros que resgataram a memória da obra psicográfica de Chico Xavier em seu início, nos deparamos com alguns questionamentos. O primeiro deles é: **como Chico Xavier teve acesso a esses jornais e revistas no início do século XX?**

À época, o jovem Chico se desdobrava junto aos familiares nas mais diversas solicitações domésticas, trabalhava fora o dia todo, secretariava instituições de classe e sociais, como a União Auxiliar Operária e o Pedro Leopoldo Futebol Clube, dirigia e frequentava o Centro Espírita Luiz Gonzaga, já psicografando as mensagens que originariam os seus primeiros livros e, além disso, escrevia cartas de amor, atendendo a pedidos dos casais apaixonados da cidade. Nada lhe sobrava em forma de dinheiro ou de tempo, no entanto ele tinha acesso a algumas dessas publicações, as lia com regularidade, e fazia recortes dos textos e das imagens que mais lhe agradavam, colando-os num livro-caixa velho, provavelmente oriundo do Bar do Dove, ou da venda de seu padrinho, José Felizardo Sobrinho, último emprego seu, anterior ao de escriturário na Fazenda Modelo do Ministério da Agricultura.

Conforme registrado na tese de doutoramento de Magali Oliveira Fernandes, tornada livro pela editora AnnaBlume, em 2008, com o título *Chico Xavier – Um herói brasileiro no universo da edição popular*, Chico Xavier também lia as revistas *Fon-Fon*, *Tank* e *A Cigarra*, famosas então, sendo que na década de 40, mais precisamente em 1944, esta última publicou extenso artigo sobre o jovem médium de Pedro Leopoldo.

No caso do *Jornal das Moças*, do Rio de Janeiro, ele também participava da seção "Bilhetes postais". Provavelmente, foi através da irmã Maria da Conceição Xavier, que era leitora assídua desse jornal, que Chico conheceu a publicação, onde, nos anos de 1931 e 1932, iria publicar algumas de suas primeiras psicografias. A irmã de Chico, cujo pseudônimo era Tiquinha Xavier, já andava paquerando o seu futuro esposo, Jacy Pena, no ano de 1924, e o fazia por meio das páginas do *Jornal das Moças*, que tinha essa espécie de "classificados", de "anúncios personalizados" pagos, com o objetivo das pessoas se conhecerem, se corresponderem e até flertarem. Uma rápida pesquisa mostra que vários pedroleopoldenses participavam dessa seção, enviando e recebendo tais bilhetes.

Nesta altura, já depreendemos a importância dos correios na vida de Chico Xavier desde a sua mocidade. Em seu livro *Nas trilhas da garça – Chico Xavier nas Minas Gerais* (Vinha de Luz, 2016, p. 463), o biógrafo Jhon Harley, conterrâneo e amigo de Chico Xavier, dedica um capítulo ao tema, que assim se inicia: *"Indiscutivelmente, as correspondências tiveram um papel estratégico e fundamental na vida de Chico Xavier, na divulgação do seu trabalho e na expansão da Doutrina Espírita pelo Brasil. Um excelente instrumento de comunicação, que foi utilizado no seu limite. Fico imaginando o que Chico faria hoje se tivesse à sua disposição os atuais recursos tecnológicos de infraestrutura e de multimídia".*

À p. 470, Jhon cita o também biógrafo uberabense e amigo de Chico Xavier Carlos Baccelli, que registrou em seu *Chico Xavier – O médium dos pés descalços* (Vinha de Luz, 2011): *"E o que dizermos da farta correspondência a que procurava atender pessoalmente, fazendo dele o maior cliente dos Correios em Pedro Leopoldo e Uberaba?"*.

Esse aparte objetivou frizar o "x" da questão referente ao acesso que o maior médium de todos os tempos tinha aos periódicos no início do século XX, notadamente ao *Novo Almanaque de Lembranças Luso-Brasileiro*, revista de periodicidade anual oitocentista, que era editada em Lisboa, Portugal, para a qual dedicamos, mais à frente, um capítulo também, com curiosidades muito interessantes em torno do jovem Chico Xavier.

Na oportunidade do lançamento dos nossos títulos, em 2012, Maria José Cunha, autora do *Isabel – A mulher que reinou com o coração* (Vinha de Luz, 2012), uma estudiosa da vida de Chico a partir da aparição da Rainha Santa de Portugal, Isabel de Aragão, três dias depois da primeira psicografia – em 10 de julho de 1927 –, nos colocou a seguinte questão: **quem enviava os textos de Chico Xavier às publicações leigas da época, inclusivemente ao almanaque português?**

Algumas biografias esclarecem que José Cândido Xavier e Ataliba Viana, irmão e amigo próximo, respectivamente, foram os principais responsáveis por enviar os textos assinados com "F. Xavier" a Inácio Bittencourt para publicação no *Aurora*, nos anos de 1928 a 1933, contudo é o próprio Chico quem responde à pergunta numa entrevista dada a Elias Barbosa, por ocasião dos 40 anos de sua mediunidade, registrada em um folheto impresso em 1967 pela Divulgação Espírita Cristã (DEC), documento raro que integra o acervo da Casa de Chico Xavier de Pedro Leopoldo:

*"(...) P. – (...) Como você recebia a atitude dos companheiros que, por volta de 1928 a 1931 enviavam de Pedro Leopol-*

do a diversos setores da imprensa as produções psicografadas que você recebia do Plano Espiritual?

R. – Eu não tinha experiência mediúnica suficiente para determinar sobre o assunto e vendo os amigos e irmãos de ideal tão entusiasmados com as páginas saídas de minhas mãos não via qualquer mal em que eles as publicassem. Assim agia, procedendo também de acordo com as vozes dos amigos espirituais que me diziam não haver qualquer inconveniência nisso, porque me diziam naquele tempo que as páginas em formação eram ensaios psicográficos.

P. – Acredita que os amigos teriam tido o desejo de fazer de você um literato de renome?

R. – Talvez. Estimavam-me com um carinho que nunca mereci e chegavam a escrever para diversos jornais, às vezes, em meu próprio nome, solicitando a publicação dessa ou daquela produção que lhes despertasse maior interesse.

P. – Lembra-se das primeiras pessoas a que tivessem escrito, solicitando as referidas publicações?

R. – Sim. Na imprensa espírita recorreram primeiramente ao nosso confrade **Ignácio Bittencourt** que dirigia o jornal 'Aurora' do Rio, e, na imprensa não espírita solicitaram a cooperação do amigo **José Machado Tosta**, que se responsabilizava pela coluna 'Vários Cultos', na 'Gazeta de Notícias', igualmente do Rio. Ambos esses caros companheiros, Ignácio Bittencourt e José Machado Tosta, se fizeram generosos amigos meus, incentivando-me, em abençoadas cartas, ao trabalho mediúnico que começava. [Grifos nossos.]

P. – Admite você que os confrades da primeira hora de sua mediunidade psicográfica poderiam ter transformado você num literato, se você se acreditasse como tal?

R – Creio que não. A tarefa mediúnica principiou para meu entendimento como se eu estivesse saindo, muito pouco a *pouco, de uma névoa... À medida que o tempo correu, a minha tela íntima se renovou totalmente e passei a compreender com clareza que as produções literárias não eram minhas e sim dos Amigos Espirituais. Dissipadas todas as minhas dúvidas, desde que o nosso abnegado Emmanuel começou a orientar-me em sentido direto, eu não teria coragem de aparecer, em campo, com mensagens que absolutamente não me pertenciam. E hoje creio que se eu insistisse agindo com mais vaidade do que aquela que possuo, afirmando que as produções eram minhas e não dos Espíritos Benfeitores, eles, nossos Amigos do Alto, teriam meios de me afastar caridosamente da obra deles, situando-me na minha absoluta insignificância, que, graças a Deus, reconheço. (...)"*

Em artigo de Antônio Pereira Guedes no *O Clarim* de abril de 1968, encontramos mais informações preciosas sobre essa amizade iluminada e frutífera que necessita ser relembrada na história da vida e da obra de Chico Xavier.

Vejamos:

*"Em vários jornais e revistas foram publicados trabalhos sobre o período de 40 anos de atividades mediúnicas de Francisco Cândido Xavier. Foi com imensa satisfação que procedemos à leitura de tudo ou quase tudo que escrevemos sobre o famoso médium. Agora iremos dizer o que outros não disseram, relatando alguns fatos por nós anotados e ainda não publicados. Éramos espíritas, desde janeiro de 1920 e morávamos em Marechal Hermes. Desde essa época até 27 de abril de 1929, tivemos como companheiro leal o nosso querido e bom amigo José Machado Tosta. Com ele estudávamos a Doutrina; com ele discutíamos vários assuntos, inclusive e mais, coisas da mediunidade, maneira de interpretarem a Doutrina Espírita que, naquela época, além do Redentorismo e do Roustainguismo, a Umbanda apelidada de Espiritismo que chegou ao que hoje vemos no Brasil invadindo outros povos da América do Sul, como o Uruguai e Argentina, estabelecendo imensa confusão.*

Em 1927, na 'Aurora', sob a direção de **Inácio Bittencourt** e na 'Gazeta de Notícias', em cuja coluna 'Vários Cultos', **José Tosta** dirigia a de Espiritismo, surgiu a colaboração de F. Xavier, como poeta e escrevendo também algumas crônicas. [Grifos nossos.] Para nós, F. Xavier era o poeta espírita que desabrochava em Pedro Leopoldo, com os seus dezessete anos de idade, publicando os seus trabalhos em três órgãos, na então capital da República: 'Aurora', 'Gazeta de Notícias' e 'Jornal das Moças'. Os espíritas que com ele travaram relações epistolares foram: Inácio Bittencourt e José Tosta e, com este último estávamos nós cooperando na coluna da 'Gazeta'. Revolvendo recortes de jornais, guardados pela poetisa Joselina Tosta, hoje viúva do valoroso e querido confrade Olmiro Paranhos, encontramos também um soneto dedicado a José Tosta e publicado, possivelmente, em 1928 [constante do livro Chico Xavier – O primeiro livro, Vinha de Luz, 2010, p. 54]:

### AS ROSAS DO PERDÃO
*Ao meu ilustre amigo José Tosta*

*Ó flores aurorais de pétalas divinas,*
*Sois lágrimas de luz das claras madrugadas,*
*Sois raios de esplendor das noites estreladas*
*Sois flores divinais, ó rosas peregrinas!*

*Brotais no coração das almas desgraçadas,*
*Como a linfa do amor, em gotas cristalinas;*
*Que perfume lirial, em ondas diamantinas,*
*Expulsando o amargor das almas torturadas!*

*Ó rosas do perdão, nascestes com Jesus,*
*No martírio sem par da tragédia da cruz,*
*E desde esse momento, ó majestoso dia!*

*Espalhaste pelo mundo em rápido fulgor,*
*A beleza da vida e o perfume do amor*
*Qual um sol portentoso, espalhaste alegria!*

**F. Xavier**

Em o 'Jornal das Moças', naquele período, vários trabalhos seus foram publicados. Em 27 de abril de 1929, ocorreu a desencarnação de José Tosta, em um sábado. Na segunda-feira, dia 29, na 'Gazeta', levamos o seu último artigo e ficamos a substitui-lo na coluna 'Vários Cultos'. Não foi devidamente anotado em que jornal teria sido publicado o soneto de F. Xavier, dedicado ao Tosta desencarnado. Vamos transcrevê-lo:

### JOSÉ TOSTA

Companheiro que à Pátria regressaste,
Entre auréolas de luzes majestosas,
A levar tantas flores perfumosas
A Jesus, tanto amor, que tanto amaste!

Sê feliz nas esferas luminosas
Que afanoso e ridente demandaste:
A buscar o tesouro que espalhaste
Neste mundo de lágrimas penosas.

Mensageiro do Amor, da Caridade,
Missionário do Bem e da Verdade,
Que partiste sorrindo para a luz;

Venturoso serás nessas Moradas,
Onde existe o fulgor das alvoradas
Desse Amor portentoso de Jesus!

*F. Xavier*

De acordo com o livro *Personagens do Espiritismo – Do Brasil e de outras terras*, de autoria de Antônio de Sousa Lucena e Paulo Alves de Godoy (Federação Espírita do Estado de São Paulo - Feesp, 1982, p. 139), José Machado Tosta, português nascido na Ilha Terceira (Açores) em 1873, veio para o Brasil ainda criança: "Ingressando nas fileiras espíritas, tornou-se notável divulgador dessa Doutrina. Foi companheiro do grande médium Inácio Bittencourt, tendo-se destacado pelo seu empenho em publicar colunas de divulgação doutrinária em jornais profanos, notadamente no 'O Jornal' e 'Gazeta de Notícias', tradicionais órgãos da imprensa carioca. (...) Machado Tosta era representante do jornal 'O Clarim' e da 'Revista Internacional de Espiritismo', órgãos publicados em Matão, Estado de S. Paulo, pelo grande pioneiro espírita Cairbar Schutel, de quem se tornou porta-voz na cidade do Rio de Janeiro. (...) Amigo e companheiro do grande poeta Amaral Ornelas, deixou um número razoável de composições em forma de versos, bem como grande bagagem literária. Quando surgiu, em Pedro Leopoldo, o médium Francisco Cândido Xavier, ensaiando os seus primeiros passos no terreno da psicografia, José Machado Tosta entusiasmou-se de forma inusitada pelas produções vindas do Além, tendo mesmo sido o pioneiro na divulgação das novas mensagens por meio de um jornal leigo, fazendo-o por meio da secção 'Vários Cultos', na 'Gazeta de Notícias', do Rio de Janeiro. Um fato bastante pitoresco é que o médium Francisco Cândido Xavier foi lançado, na imprensa leiga, por José Machado Tosta e na imprensa espírita por Inácio Bittencourt. Ambos esses jornalistas eram portugueses, nascidos na Ilha Terceira, nos Açores, tendo ambos vindo para o Brasil ainda bastante jovens. (...)."

José Machado Tosta desencarnou em 27 de abril de 1929, em Marechal Hermes, no Rio de Janeiro, e por meio de Chico Xavier ditou da Espiritualidade diversas mensagens e poemas, dentre eles o soneto intitulado "A Allan Kardec", à p. 135 do livro *Chico Xavier – Mandato de amor*, da organização de Geraldo Lemos Neto (União Espírita Mineira - UEM, 1993), e "No ideal da fraternidade com o Esperanto", à p. 181 do nosso *Palavras sublimes* (Vinha de Luz, 2014).

Rio de Janeiro, 7 de maio de 2022.
– Nos 95 anos da mediunidade de Chico Xavier –

## João Marcos Weguelin

*Organizador*

# CÂNDIDA MISSÃO

*Chico Xavier na Pedro Leopoldo dos anos 30, na estrada para a Fazenda Modelo*

Gazeta
de Notícias

# O GRANDE DIVULGADOR DAS RELIGIÕES

O *Gazeta de Notícias* foi o segundo jornal em que Chico Xavier publicou suas mensagens, sendo, ainda, o primeiro não espírita. A pesquisa realizada entre julho de 1927 [1] e outubro [2] de 1930 localizou dez artigos, entre 1928 e 1930. Lançado em 1875, a *Gazeta de Notícias* foi um jornal pioneiro na luta pela abolição da escravatura, e abriu espaço para as produções literárias. Ao longo de décadas, esteve entre os jornais mais vendidos da cidade do Rio de Janeiro. Passaram por sua redação grandes nomes da sociedade carioca e da literatura, como José do Patrocínio, Eça de Queirós e Euclides da Cunha, entre outros. Curiosamente, um dia, os dois primeiros enviariam as suas mensagens do Mais Além através da mediunidade de Chico Xavier.

---

[1] Mês em que Chico Xavier psicografou a sua primeira mensagem. [2] Com a Revolução de 1930, ocorrida nesse mês, a *Gazeta de Notícias* deixou de circular, tendo retornado somente em setembro de 1934, com a coluna "Vários Cultos" totalmente descaracterizada, vindo a ser extinta pouco depois.

Não só o Espiritismo, mas as mais diversas religiões devem muito ao *Gazeta de Notícias*. No período pesquisado, destacou-se a coluna quase diária denominada "Vários Cultos", sob a responsabilidade de José Machado Tosta, que, como já relembrado em nossa Introdução, divulgava o Espiritismo, além da Teosofia, do Esoterismo, do Hermetismo e do Evangelismo, contudo dedicando à Doutrina Espírita um espaço infinitamente maior e mais expressivo.

No que concerne à divulgação do Espiritismo, ao longo de todos esses anos, registramos mensagens de espíritos de escol, como Inácio Bittencourt, Aura Celeste, Eurípedes Barsanulfo, Cairbar Schutel, Carlos Imbassahy, Ernesto Bozzano, Ismael Gomes Braga, Vinícius, Coelho Netto, José Tosta, entre outros.

Além da publicação das mensagens – que em alguns dias da semana podia chegar à ordem de três ou quatro –, uma listagem das reuniões públicas e das palestras nas casas espíritas era divulgada diariamente.

Infelizmente, com a desencarnação de José Machado Tosta em 1929, e a suspensão de sua circulação durante a Revolução de 30, a coluna perdeu importância e foi extinta logo após a retomada das atividades do jornal em 1934.

Apresentamos, a seguir, as mensagens de Chico Xavier que foram localizadas nesse que foi um dos jornais mais importantes da imprensa carioca.

# EXULTEMOS

A qualquer hora ou a qualquer dia da nossa existência, em que sentirmos cravado no nosso peito, lacerando-o, arrebatando-nos todas as alegrias, o punhal aguçado da Dor – a cultivadora de almas – exultemos de contentamento e prazer! Regozijemo-nos, pois é neste instante solene que soa para os nossos espíritos desterrados, a alvorada do progresso – manhã de luz e de amor! É nessa hora sublime que as nossas almas ascendem ao trono do Senhor do Universo, escalando o Infinito, buscando a verdadeira pátria, num grito angustiado que os nossos corações são impotentes para sufocar. E, então, na nossa mente, como se desfizessem cerradas brumas ao calor do sol vivificante, recordamos, nós, os exilados da Terra, que devemos obediência ao Pai de Infinita Misericórdia, de Imensa Justiça e Incomensurável Amor que é Deus!

Irmãos, recebamos a Dor com a resignação dos mártires, pois ela é o orvalho bendito que, rociando os espíritos, torna-os quais flores viçosas e perfumadas. Ela é a mensageira da luz! Aceitamo-la, pois, genuflexos, com os olhos fitos no céu e o coração cheio de fé. Recebamo-lo tranquilos, exultando de alegria, porque ela é a escada luminosa que o Soberano do Amor estende aos nossos pobres espíritos – náufragos da Terra – para que subamos às Moradas Felizes, onde só impera o amor! Recebamo-la, cônscios de que ela é a chuva de bênçãos dulcificantes do Senhor do Universo.

Exultemos, pois!

## F. Xavier

11 de agosto de 1928 [1]

---

[1] A mensagem consta do livro *Chico Xavier – A aurora de uma vida entre o Céu e a Terra*", de nossa organização, publicado pela Vinha de Luz Editora (2012, p. 27).

# LÁGRIMAS

Lágrimas! Pérolas cristalinas que formais o tesouro das almas, sois as flores dos nossos corações, que ofertamos em nosso contínuo peregrinar ao Mestre Amado dos nossos espíritos transgressores das santas leis!

Lágrimas! Melodia enternecedora que se evola em eflúvios luminosos aos pés do Senhor, perfume puríssimo que se eleva do âmago das nossas almas, indo abrigar-se no coração d'Aquele Ser Incriado, que rege os nossos destinos!

Lágrimas! Na Terra, sois a riqueza que a poeira não consome, porque ficais indelevelmente gravadas nas páginas fluídicas do éter! Nos escrínios sagrados sois guardadas para formardes, um dia, o diadema rutilante que coroa os espíritos nas Mansões do Ideal. Sois os diamantes eterizados que refulgem nas aureolas resplendentes dos escolhidos.

Lágrimas! Fostes sagradas por Jesus e por isto sois as pérolas brilhantes do tesouro das almas, as flores abençoadas dos nossos corações, o bálsamo sacrossanto que cicatriza as feridas dos nossos espíritos culpados e, sobretudo, as bênçãos dulcificantes do Nosso Pai!

F. Xavier

20 de novembro de 1928

# TRABALHO

O trabalho do homem é a síntese da sua luta insana pela Perfeição! Quer queira, quer não, o homem não pode, nem lhe é concedido, permanecer na inatividade; é obrigado a trabalhar pelo seu sustento material e espiritual! E, mesmo aqueles que atravessam uma existência na apatia material e na indiferença moral, dia virá em que trabalharão eficazmente pelo seu progresso e pela evolução da coletividade. Por quê? Porque são os desígnios de Deus que têm de ser cumpridos, pois assim se expressam os Seus Enviados. O Trabalho é a lei da Vida!

F. Xavier

21 de novembro de 1928

# O CONSOLADOR

É como se um novo Sol portentoso nascesse para a Terra! É como se uma nova luz brilhante, rútila e sublime, se infiltrasse nas almas, proporcionando aos corações esse sol interior que faz vibrar fibra a fibra! É como se uma nova flor, de pétalas brilhantes, desabrochasse em cada peito, incensando os corações com os seus perfumes benéficos, inundando o recôndito das almas com os aromas sagrados da pureza suprema!

Eis que nos acanhados horizontes da Terra aparece, espargindo os seus raios rutilantes o sol majestoso do Progresso, a era abençoada da Luz, o Consolador prometido pelo Mestre!

E a Humanidade – a sofredora de tantos séculos – que há tanto tempo se abriga à sombra da grandiosa árvore – o Cristianismo –, só agora começa a sentir o frescor dessa mesma sombra que começa a refrescar-lhe o calor das paixões, só agora se levanta do prolongado letargo em que jazia, para apanhar, sofregamente, as flores perfumadas que enfeitam os galhos da árvore abençoada!

Só agora abre os olhos ofuscados para admirar a árvore grandiosa, cujos galhos prodigiosos, cobrem toda a Terra, reverdecidos, vigorosos e robustos!

Humanidade, que vos extasiais nessa sublime contemplação, deixai que os vossos pensamentos pairem na amplidão do Infinito, buscando no manancial inexaurível da Vida, a força do Amor! Deixai que os vossos pensamentos possam esvoar [1] pelas regiões eterizadas do Azul, procurando sentir as emanações de Deus, nessa ansiedade bendita, grandilo [2] que é sublime!

Deixai que a vossa alma – centelha divina – em novos surtos de progresso possa ultrapassar as regiões ilimitadas do Infinito!

Humanidade! Eis que se vos diz: "Amai-vos!" É este o apelo que reboa de plaga em plaga, concitando os homens da Terra para o concerto excelso do Amor! Dilui, pois, a vossa alma nas sensações delicadas deste sentimento sublime e caminhareis para Deus, atingindo impavidamente, o Ideal supremo da suprema Perfeição!

## F. Xavier

25 de novembro de 1928

---

[1] A palavra está em conformidade com o original, mas não consta do Dicionário Aurélio. O correto deve ser "esvoaçar". [2] Essa palavra também está em conformidade com o original e tampouco foi encontrada no referido dicionário. Deve se referir a "grandíloquo", "o que tem eloquência".

# DEUS

Contemplar o Infinito é perceber dentro da nossa mesquinhez a Obra grandiosa de Deus.

Nada é tão sublime, como sentir palpitar dentro dos nossos corações esta Eterna Harmonia, que se desprende da alma das coisas!

Nada tão infinitamente grande, como vibrar nessa poesia indefinida que anda esparsa, nas páginas sublimes deste livro sagrado, onde podemos ler a Sabedoria do Criador e que se chama Natureza!

Numa uniformidade indescritível, tudo nos fala de Deus, tudo nos comprova o seu amor incomensurável e sabedoria imensa!

Em tudo podemos observar que Deus, com o seu amor paternal, colocou sobre a Terra os mínimos auxiliares do homem para que ele progredisse na senda luminosa da perfeição!

E o homem – obra prima de Deus – é constantemente o mesmo cego de sempre!

As bênçãos do céu, como aluviões de flores descem sobre a cabeça do filho pródigo, mas parece que ele foge ao contato dessas bênçãos vivificantes que o arrancariam do lodaçal imundo da imperfeição! A luz se faz, mas a treva o subjuga; a matéria prende-se nos seus liames pesados, com as suas aparências enganadoras e ele não pode elevar-se da esfera obscura que o circunda nos vôos altíssimos da alma! Tudo lhe fala ao espírito e ele, o pobre ignorante, numa apatia voluntária e criminosa, caminha pela vida, indiferente, escusando-se de admirar as excelsas belezas de que se vê rodeado!

A Humanidade nega-se ao trabalho de pensar; a meditação lhe roubaria os momentos de prazer e assim ela segue pela estrada que lhe apraz, para encontrar no termo dessa jornada inútil, o travor da mais dolorosa realidade!

Oh! Mas Deus, o grande Deus que se nos revela mais amplamente no espetáculo magnificente do Infinito, vela continuamente pelo destino dos Seus filhos, e assim é que tem sempre a mão providencial para aqueles que sucumbem, o bálsamo sublime da esperança para os pobres náufragos da vida, o perdão magnânimo para os prevaricadores e por sobre tudo, a pairar pela consumação dos séculos, podemos ver o Seu Amor, infinito, grandioso e supremo!

F. Xavier

15 de janeiro de 1929

# CAMINHEMOS PARA DEUS

Como é doloroso o sofrimento! Como é horrível olhar-se, ainda que rapidamente, esta horrorosa caudal da vida, onde se debate, entre amargos soluços, a maior parte da Humanidade.

Que vemos aqui? Lágrimas silenciosas que brotam dos olhos daqueles que caminham sobre os espinhos pontiagudos da estrada do sofrimento; ali, seres materializados e brutos, quais corpos sem almas, que resvalam no abismo de todas as perdições, levando ainda consigo ternos e jovens corações, enlameando-os, no pantanal imundo da imperfeição; acolá homens sem fé, que vão pela vida indiferentes, no apogeu do mais revoltante ceticismo! E por sobre tudo, pairando com asas de abutre, podemos observar a hipocrisia, que rouba dos corações elevados as flores perfumadas da esperança!

Oh, Humanidade! Detém-te antes que seja tarde, para não seres tragada pelo abismo trevoso que se cava sob os teus pés!

Ergue os teus olhos para Aquele que é nosso Pai! É Ele que, com o seu amor infinito, esparge sobre o Universo, a messe de bênçãos que nos fará reviver para a vida de venturas! É n'Ele que reside o Ideal das nossas mais santas aspirações! É n'Ele que encontraremos a fonte inexaurível do verdadeiro e puríssimo amor! É d'Ele que nos virá o bálsamo salutar e dulcificante que cicatrizará as inúmeras feridas que nos traz o corpo pustulento e chagado à alma!

Sofredores, elevemos os pensamentos a Jesus e Ele baixará sobre nós o seu amor dulcíssimo, redimindo as nossas almas impuras!

Céticos, deixai que ao frio gélido que vos amarfanha a alma, possa despontar a aurora vivificante da crença, reconhecendo dentro das vossas próprias almas a existência sublime do Autor da Criação.

Homens, que vos mergulhais no mar abjeto do sensualismo, espiritualizai-vos! Despertai vossos sentidos em sentimentos delicados e fazei por sentir dentro das vossas almas, a chama sagrada do puro amor!

E, que todos nós, num conjunto admirável, possamos elevar ao Infinito, uma prece de reconhecimento e de agradecimento à Suprema Vontade, a Jesus, o Mestre Divino, e aos Seus boníssimos mensageiros, em ação de graças pela Sua infinita Misericórdia, que continuamente nos auxilia a ascender a escada sublime da Perfeição!

## F. Xavier

16 de janeiro de 1929

# AMEMO-NOS

O espírito de seita é um dos maiores empecilhos ao progresso da Humanidade. Se nos compenetrássemos, de fato, das verdades evangélicas, não contemplaríamos espetáculos muitas vezes desoladores na face da Terra.

Necessitamos de Evangelho no coração para encararmos em cada um, o filho de Deus, nosso irmão, para ampararmo-nos uns aos outros nas nossas quedas e crimes, pois todos calíveis [1] e quer pertençamos a este credo ou aquela religião, estamos sujeitos ao mal. Compenetremo-nos, pois, dos ensinamentos de Jesus!

---

[1] A palavra está em conformidade com o original e não a encontramos no dicionário. Provavelmente, a frase foi grafada erroneamente e incompleta, devendo ser *"pois todos somos falíveis"*.

Sintamos em nosso peito o espadanar constante da água pura da Vida e enxerguemos em cada criatura uma alma querida a que estamos ligados pelo laço sublime da fraternidade! Façamos-lhe o que pudermos de bem, embora recebamos, em troca, os espinhos causticantes da ingratidão.

Que importa sejamos hoje odiados? As pedras que hoje nos atiram converter-se-ão em flores amanhã! A missão do verdadeiro cristão é amar, e, como tal, deve empregar os seus dias na faina abençoada do bem, praticando-o nas mais simples palavras, no menor gesto da sua vida! Só assim é que será efetuada a grandiosa obra regeneradora da Humanidade!

F. Xavier

10 de abril de 1929

# A CARIDADE

A caridade é o Amor Divino nas suas mais excelsas manifestações; é a seara munificente das Bênçãos dulcificantes de Deus!

Fora da caridade não há salvação! Eis o augusto frontespício desta grandiosa doutrina que é o Espiritismo e que será a religião do futuro.

E o será porque a sua base indestrutível apóia-se sobre esta virtude divina, a maior de todas as virtudes! Será a mais sublime das religiões, porque é fundada sobre os ensinamentos do Cristo, interpretados fielmente pelos mensageiros da Verdade, que são os Espíritos do Senhor!

A caridade é a luz fulgurante que se aninha no âmago dos corações daqueles que são os verdadeiros discípulos do Mestre!

Somente pela caridade poderemos redimir as nossas almas esgastuladas na Terra; só esta virtude sacrossanta – anjo puríssimo do Amor – será o nosso guia verdadeiro. Iluminando a estrada do Bem que devemos trilhar, só ela nos fará sentir a felicidade sem mescla, prodigalizando-nos os seus eflúvios dulcíssimos que suavizarão as dores da nossa alma, preparando-nos para a excelsa ventura de uma vida melhor, onde os anelos frementes dos nossos corações fortificados pela esperança serão realizados para a completa beleza do nosso ideal insatisfeito na Terra!

F. Xavier

19 de julho de 1929 [1]

---

[1] Essa mensagem se encontra no livro *Chico Xavier – A aurora de uma vida entre o Céu e a Terra*, editado pela Vinha de Luz Editora (2012, p. 42). O texto foi publicado no dia 1de julho de 1929 no jornal *Aurora*. Comparando os textos, verifica-se que o reproduzido no jornal apresenta algumas diferenças, o que corrobora que as adulterações na obra do maior médium de todos os tempos ocorre desde o início da sua tarefa psicográfica. Na reprodução da mensagem há a menção D' *O Clarim* junto à assinatura do médium, obviamente fazendo referência à editora de livros e de publicações espíritas periódicas fundada em 1905 por Cairbar Schutel, em Matão, SP.

# A IGNORÂNCIA

Noite fervorosa, onde nenhuma luz se faz sentir em claridades consoladoras é a noite triste da ignorância. Qual o cego material que tateia às escuras, o ignorante, verdadeiro cego da alma, erra em todos os seus momentos, incapaz de por si empreender a grande jornada da Vida; a falta dos mais rudimentares conhecimentos torna-lhe num ser semi-irracional e atingindo este lamentável estado a muitos espíritos, há coletividades inteiras, imensas multidões, que se vêem, de um instante para outro, como joguete de sentimentos malsãos, o que ocasiona desagradáveis conseqüências que atingem a todas as classes em todas as condições da existência.

Acontecimentos lamentáveis há que subsistem por muito tempo no seio das massas populares, tolhendo-lhes o Progresso em todos os seus múltiplos aspectos; e tudo porque falta-lhes o tirocínio do espírito para que demandem à perfectibilidade. A excessiva ocupação com a matéria, já que a maioria dos humanos desconhece o plano espiritual da vida, lhes obscurece a razão e daí os fatos dolorosos, as hecatombes sociais, as ocorrências desagradáveis em demasia que trazem sempre um interminável cortejo de desgostos, em suas faces mais variadas.

O homem, geralmente, desconhece os destinos da alma e, portanto, a finalidade da sua existência na Terra. Nunca, pois, olvidemos que qualquer uma tentativa para fazer brilhar a consciência dos nossos semelhantes, tornando-a esclarecida para que reconheça o bem e o mal, a verdade e o erro, a luz e a treva, é um ato de beneficência, de caridade dignificante, sendo deste modo uma das mais veementes preces que se pode elevar ao Onipotente nesta vida.

Que cada um dentro da esfera a que foi chamado a viver procure insuflar naqueles que o rodeiam os conhecimentos necessários para que a sua existência planetária seja profícua em progressos que lhes pressagiem um brilhante futuro na conquista da Luz! Desta maneira, o progresso da Humanidade, visado por Jesus, efetuar-se-á com rapidez, transformando o nosso mundo de provas num oásis de Amor e Perfeição!

## F. Xavier

9 de janeiro de 1930

# A BOA ÁRVORE

Sê como a boa árvore, que existindo ao lado de um caminho, oferece ao viajor a sua sombra, as suas flores, os seus frutos, sendo-lhe útil em todos os momentos; vê como a boa árvore é generosa! O viandante dela recebe a sombra e ao roubar-lhe uma flor ou um fruto, decepa-lhe sempre uma fronde que tomba ao solo, fenecida; e muitas vezes, quando as suas flores são as mais perfumosas e prometem os frutos desejados, vem o lenhador, que lhe despedaça todos os galhos preciosos, deixando o tronco isolado, sem o encanto das suas folhas primorosas, que ao perderem o seu verdor, rolaram ressequidas ao sopro dos ventos do outono! E apesar de tudo isto, a árvore bondosa esforça-se novamente, florescendo e frutificando, oferecendo ao seu malfeitor a maior soma de bens!

Deixa, pois, que o teu coração se identifique com a boa árvore: que a tua alma, sempre a ela se assemelhe nas bordas da estrada maravilhosa da vida! Àqueles que trilhem o teu caminho, os que te rodeiam constantemente, oferece-lhes sempre a sombra cariciosa de um afeto irmão, os perfumes dos bons sentimentos e os frutos da bondade!

E quando ferirem o teu coração, abrindo nele chagas profundas, sê como a boa árvore que não lamenta e sim enche o teu íntimo de novos e imperecíveis afetos, perdoando sempre, ofertando os benefícios que puderes, sem distinção.

Lembra-te sempre que a pequenina Terra é apenas uma das estalagens onde pousam os espíritos em busca de evolução. A finalidade, pois, da nossa permanência em seu seio, embora que rápida, é buscar a luz em ânsias da Perfeição. Nunca te esqueças que essa luz tão sonhada, só é encontrada quando se trilha a estrada da harmonia com o Infinito e que esta Harmonia reside no Bem.

Pratica-o em todos os teus momentos: traze-o em teus pensamentos e intenções, em tuas palavras e em teus atos constantemente e serás agraciado pelo Sumo Árbitro do Universo, com a felicidade verdadeira, que residindo acima da Terra é eternamente indestrutível.

## F. Xavier

10 de janeiro de 1930

# REFLEXÕES

O Espiritismo, como tal, o Consolador, prometido pelo Mestre dos mestres, torna-se um verdadeiro manancial de bênçãos sacrossantas para a alma que sabe recebê-lo em si, reconhecendo em seus puros ensinamentos, as gotas suaves desse sentimento incomparável que é o Amor de Jesus!

Ele visa o coração diretamente, alimentando-o, remodelando-o, fazendo-o apto a receber as luzes de uma era nova que apenas faz sentir o seu início.

O que compete àquele que ingressa no conhecimento do Evangelho, interpretando [1] fielmente pelos mensageiros divinos?

Compete-lhe adubar convenientemente o terreno para que a semente vitalizadora em sua alma possa brotar, medrar impavidamente para que no futuro as suas flores sejam as mais belas e os frutos os mais sazonados. É este o trabalho em que deveremos empregar o máximo esforço, expurgando do coração os miasmas daninhos de sentimentos mesquinhos e egoístas, fazendo com que a nossa alma se identifique de fato com as luzes da verdade!

---

[1] Reproduzido como o original. O correto deve ser *"interpretado"*.

Antes de tudo, é necessário sentirmos no íntimo, toda a extensão de grandeza dessa doutrina sublime, porque, se em verdade sentirmos na alma toda a excelsitude da pureza do ideal de perfeição, que é o que ela visa unicamente, estaríamos isentos de dificuldades inúmeras que se antepõem ao nosso progresso e à marcha da Doutrina, como verdadeiro empecilho, felizmente superáveis, já que ela é o sol da Verdade e, sendo de natureza divina a sua luz, não encontrará obstáculos para que a tudo ilumine. O que se torna de uma necessidade premente é a compreensão de que a perfeição espiritual é o seu maior objetivo, abstendo-se aqueles que a procuram de dar-lhe um cunho material, esquivando-se deste modo das idéias comezinhas do mundo abarrotado de preconceitos, procurando elevar-se em busca da luz e ao buscá-la, tornar os seus semelhantes, ávidos dessa perfeição, que constitui a verdadeira e eterna felicidade.

Falta, pois, Espírito de Verdade nos corações.

Busquemos amar a Doutrina que sobre nós derramou as luzes consoladoras que nos impele pela senda do Progresso, exemplificando incessantemente os seus ensinos, perante a Humanidade e perante Deus!

Eis a parte mais difícil, porém a que mais se impõe: o exemplo antes de tudo! Só desta maneira poderemos mais facilmente adquirir a felicidade almejada por nós e a que desejamos para os nossos semelhantes.

Mostremos a luz em nossos próprios íntimos para que alguém ao vê-la se sinta desejoso da Luz do Alto, que constitui para todos nós o perene desejo de escalarmos triunfantemente os caminhos que conduzem ao Perfeito.

## F. Xavier

12 de janeiro de 1930

# A LUTA

A luta é tão imprescindível ao espírito, como o pão o é ao corpo.

A alma ao ser arrojada no pélago das existências, pelas mãos onipotentes do Criador, compete-lhe estudar lutando, a conquistar com os seus próprios esforços a felicidade de que lhe é dado conhecer através do seu peregrinar em busca da Perfeição.

Lutar significa, pois, trabalhar sempre, desfazendo-se das inúmeras imperfeições de que o espírito se vê continuamente rodeado; é esforçar-se para que a alma progrida sempre em Amor e Ciência, em vôo ascendente a identificar-se com o Criador!

E é para este lado espiritual que o homem deve convergir todos os seus máximos esforços, pois que, ao procurar tantas vezes a tranqüilidade e o aformoseamento da sua matéria, o que às vezes acarreta bem tristes males à sua alma, deve deste modo, buscar incessantemente aquilo que constitui a riqueza para um espírito, que se traduz em bondade, sacrifícios, amor, afetos, abnegações! A sua maior luta e onde deve aplicar todas as suas forças de conquistador e de combatente é nas lutas com o seu próprio coração, para vencer os sentimentos malsãos e iníquos, que constantemente se lhe represam no íntimo! O orgulho, a maldade, o egoísmo, a intolerância, torna-se necessário combatê-los eficaz e energicamente, para que a alma ao desvencilhar-se dos liames materiais, possa partir aformoseada e pura. Este gênero de lutas é um dos mais belos trabalhos em nossa vida terrena, pois, ao passo que a matéria volve para o seu elemento primitivo, que é a Terra, e, portanto suscetível de mil variadas transformações, o espírito regressa à sua fonte de nascimento, que é Deus, e deste modo imortal, será venturoso se os seus esforços visarem a excelsitude de todas as grandezas – a Perfeição!

F. Xavier

15 de janeiro de 1930

*Chico Xavier chegando em casa, nos anos 40*

O Jornal

# UM BALUARTE DA IMPRENSA EM FAVOR DA NOTÍCIA E DA CULTURA

*O Jornal* foi um importante periódico do poderoso império dos Diários Associados. Em 1930, ano em que localizamos as mensagens de Chico Xavier, temos artigos assinados por grandes nomes, como Cecília Meireles, Agripino Grieco e Augusto Frederico Schmidt.

As produções de Chico Xavier foram localizadas num suplemento dominical, que ora era identificado como "De Tudo Um Pouco", ora apenas como "3ª Seção".

"De Tudo Um Pouco" foi um nome mais que apropriado para o suplemento, pois era exatamente isso o que ele oferecia. Tinha uma coluna para a mulher do lar, matérias sobre moda e literatura (poesia, sonetos e contos) e ainda o "Jornal das Crianças". Abordava os mais diversos assuntos, em suas oito a doze páginas.

As mensagens de Chico Xavier, portanto, dividiam espaço com anedotas, jogos, quadrinhos, curiosidades, conselhos para a vida e soluções de problemas.

Duas das quatro mensagens encontradas foram publicadas em obras da Vinha de Luz Editora, mas "O berço vazio" e "Canto materno" não foram localizadas em nenhum livro do inolvidável médium mineiro, até então permanecendo inéditas em termos editoriais.

# O BERÇO VAZIO

A alma torturada, o coração partido, os braços em cruz, os olhos fitos no Infinito, o pensamento em fervorosas súplicas!

O último olhar ao berço vazio, onde já não palpita a vida da sua vida, o ser do seu ser, o sonho do seu sonho!

E ajoelhando-se ante o santuário abandonado do seu amor, ei-la – a alma de mãe – como a estátua vivificada da Dor, que lacrimosa, exclama aos céus: "Senhor, por que m'o deste? Por que me fizeste sentir na posse do mais sublime e belo dos tesouros, para arrebatar-m'o depois? Por que m'o roubaste se ele, o meu anjinho celeste, era a aurora de luzes resplendentes que ilumina as horas do meu viver? Era a minha suave e ridente primavera. Dentro das invernias dolorosas da existência! Era o astro do amor que me aquecia para a vida, era o perfume que eu aspirava com delícia, para sentir-me revigorada para o destino! Era a flor maravilhosa que aconchegava ao meu peito e que constituía para mim a única alegria, a riqueza maior que eu não igualaria a todos os tesouros dos mais onipotentes Cresos [1] deste mundo! Era o meu oásis de ventura, através do Saara rude da existência e como viver agora, Senhor? Como sorver tamanha amargura se o fardo é superior às pobres forças do meu sensível coração?

E de alma torturada e olhos súplices a alma de Mãe, peregrina abatida e desolada, pelas estradas do Destino a murmurar silenciosamente – "por que m'o tiraste, Senhor?"

## F. Xavier

13 de abril de 1930

---

[1] Reproduzido como o original. O correto deve ser *"credos"*.

# MATER DOLOROSA

No Golgotha da Dor, aonde se elevava
    A cruz do sacrifício, o Cristo agonizava
Enviava com amor, à torva multidão
O seu último olhar de Paz e de Perdão;

Porém a aflita Mãe, abraçando o madeiro
Vendo o Filho sorrir, no espasmo derradeiro,

Sentia dentro de si a seta pontiaguda
A fazer-lhe sofrer a dor estranha muda;

Em lágrimas de luz, a pálida Maria,
De Jesus contemplava as dores da agonia!

Da sua alma cindia aos pés do Deus Eterno,
A sagrada oração do santo amor materno.

Trazia o coração em mágoas, lacerado,
Sentindo a mesma dor do Filho muito amado;

E vendo-lhe o palor agônico da Morte
A Mãe, cheia de amor, num último transporte,

Os olhos divinais a transbordar de brilho
Só podia gemer a soluçar – Meu Filho!

## F. Xavier

20 de abril de 1930 [1]

---

[1] Mensagem reproduzida em seu original, na letra do médium, no livro *Chico Xavier – O primeiro livro*, organizado por Geraldo Lemos Neto e Sérgio Luiz Ferreira Gonçalves (Vinha de Luz, 2010, p. 59). Comparando os textos, verifica-se que o reproduzido no jornal apresenta algumas diferenças do original sob a guarda da Vinha de Luz Editora, o que corrobora que as adulterações na obra do maior médium de todos os tempos ocorre desde o início da sua tarefa psicográfica.

# MÃE

Mãe! O teu coração é qual a estrela que empalidecesse no firmamento, para que o seu brilho fosse iluminar outras fulgurantes estrelas na tela azul do Infinito! A tua alma é qual a flor que se tornasse fenecida, para que o seu suave aroma fosse alimentar outras flores deslumbrantes que hão de perfumar o jardim da vida! Tu não vives em ti! Existes nos olhares ternos, nos cabelos louros ou nos bracinhos nus dos teus filhinhos, que acaricias com os teus ósculos puros, tão puros quais os beijos do sol ao tocar de leve nas flores; vives ao lado do berço onde afagas com amor as tuas mais consoladoras e risonhas esperanças; vives na doce carícia que ofertas aos teus anjinhos de encontro ao peito e existes nas lágrimas sacrossantas ao lado do berço vazio, quando a férrea mão do Destino, desferiu sobre ti o seu golpe estranho, arrebatando-te toda a excelsa ventura de um luminoso sonho! Não vives para o mundo. Permaneces no mundo pequenino e santo da tua alma, envolta num turbilhão de ilusões fagueiras e dolorosos sofrimentos! O teu coração é um jardim, e só para ele existes, pois que os teus filhos, reflexos puros da tua alma, são as flores meigas que cultivas com enlevo, com arrebatamento e com amor! Quem poderia aquilatar a ternura infinita, o afeto imáculo, a magnanimidade soberba de tua alma? Ninguém! A psicologia humana é incapaz de definir-te, porque tu, ó Mãe, és na Terra, o mais acrisolado reflexo do amor de Deus!

## F. Xavier

8 de junho de 1930 [1]

---

[1] Essa mensagem se encontra no livro *Chico Xavier – A aurora de uma vida entre o Céu e a Terra*, publicado pela Vinha de Luz Editora (2012, p. 141). Figura dentre as que foram publicadas no jornal *Aurora*, na edição de 16 de janeiro de 1933. Reproduzida *ipsis verbis*.

# CANTO MATERNO

Donde vieste,
   Filhinho meu,
   Que mais pareces
Anjo do Céu?

Qual foi a estrela
Radiosa e bela,
Que concedeu
Tamanha luz
Ao teu olhar,
Que me seduz,
E que me induz
A mais te amar?

Qual foi o sol
Onde buscaste
Os raios belos,
Que são os fios,
Tão luzidios
Dos teus cabelos

E assim formaste
Este formoso,
Ninho radioso,
Encantador,
Que te transforma
Num anjinho terno
De afeto eterno
De santo amor?

E qual a flor,
Cheia de olor,
Cor de romã,
Que te deu aos lábios
Ternos, mimosos,
Cariciosos,
A cor louçã,
Rósea-nevada,
De uma alvorada
Primaveril,
Num céu de anil.

Qual foi a fada
Linda e ditosa,
Iluminada,
De tão formosa,
Que te fez as mãos,
Pés pequeninos,
Dando-te assim,
A suavidade,
A claridade
Esplendorosa
De um serafim?
Fazendo enfim,
Com que eu deixasse
E abandonasse
O mundo inteiro,
Para viver
Eternamente,
A ti somente
Amando mais;
A ti, que és
O mensageiro
Desta ventura
Suave e pura,
Resplandecente,
Que transfigura,

O meu sofrer.
Estes meus ais,
Num sonho lindo,
Eterno, infindo,
Nesta ilusão.

Do coração,
Do meu desejo,
E em que me vejo
Aos teus sorrisos
Angelicais,
Nos paraísos
Celestiais!

Ah sim, agora,
Dentro da aurora
De paz e amor,
Vejo que a estrela,
O sol, a flor,
A fada bela

– Farol dos Céus
Que me conduz.
É a mão de luz
Do amor de Deus.

## F. Xavier

20 de julho de 1930

Chico Xavier nos anos 40

Jornal das Moças

# JORNAL DAS MOÇAS

NUM. 825　　　Rio de Janeiro, 9 de Abril de 1931　　　PREÇO: 1$000

NORMA TALMADGE

# UM SEMANÁRIO INDISPENSÁVEL PARA A MULHER

O *Jornal das Moças* era uma revista ilustrada de veiculação nacional, dentro da qual circulava o *Jornal da Mulher*, uma revista de bordados e figurinos. As duas revistas abordavam uma grande variedade de assuntos.

No início dos anos 30, o *Jornal das Moças* era distribuído toda quinta-feira e tinha um número irregular de páginas, geralmente mais de 40 e menos de 50, mas na época do Natal poderia chegar a mais de 80.

Em seu interior havia muitas fotografias de eventos diversos da sociedade fluminense, também de misses e de artistas de cinema. Tinha muita poesia e até uma seção de sonetos. Havia outra parte dedicada à moda, com matérias sobre o tema, com modelos de figurinos e bordados. Tinha ainda os folhetins e os contos. Apresentava uma coluna social, fornecia receitas culinárias, partituras de músicas e resenhas de filmes. Boa parte era composta de bilhetes postais, que eram trocas de mensagens, poesias, galanteios, que uma pessoa mandava para outra, sempre fazendo uso de pseudônimos, como "Barba Azul", "Camélia Branca", "Caçador do Deserto" e "Coração Triste".

Pesquisamos os exemplares de 1927 a 1933, contudo localizamos mensagens de Chico Xavier somente nos anos de 1931 e 1932.

Das 14 mensagens de Chico Xavier encontradas, a maior parte delas na coluna de sonetos, há uma em que ele divide a página com "Fada Risonha", que manda uma mensagem "Para H...", com o título "No Leito do Meu Amor"!

Era, enfim, uma revista muito respeitada, que tratava da educação e do comportamento das mulheres, sendo uma das mais importantes de seu tempo.

Em alguns textos, há a menção "Pedro Leopoldo, Minas" na assinatura do médium.

A coleção do *Jornal das Moças* na Biblioteca Nacional está incompleta, isto é, não tem todos os exemplares. Possivelmente, por isso, alguma mensagem da coleção de Chico Xavier publicada nesse jornal tenha ficado de fora desta pesquisa, haja vista o que depreendemos do bilhete postal reproduzido abaixo, que faz referência à mensagem "Vozes da Natureza", e que não consta da nossa organização.

O bilhete traz a curiosidade de ser o único registro com o nome todo do médium – Francisco Cândido Xavier – em todas as edições pesquisadas, sendo os demais achados assinados com a sua abreviatura "F. Xavier".

FRANCISCO CANDIDO XAVIER — (PEDRO LEOPOLDO, MINAS) Nem V. é importuno, nem a sua collaboração é ndesejavel. Li-a com omais sincero prazer, achando magnificos trabalhos "Soror Angelica", em prosa, "Redivivo" e "Ansia eterna", em versos. Só um não me agradou, — "Vozes da natureza", não pela ideação, que é rica, mas pelo rytmo, que é cheio de desgarramentos.

# SÓROR ANGÉLICA

O órgão derramava as sonoridades tristonhas de uma composição litúrgica no ambiente do velho convento; aquelas notas evocativas mais se assemelhavam a queixumes que traduzissem anelos desfeitos de almas enclausuradas.

Sóror Angélica entoava, no coro, ao lado das suas companheiras, o hino de Ângelus, porém, por mais que relutasse em elevar a sua prece ao sólio do Sempiterno, que tem o seu trono de luz no firmamento estrelado, o seu pensamento voava, como sempre, à sua estância querida, longe dali muitas milhas, para rever o bem amado que lhe aprisionara a alma sensibilíssima.

Nesses momentos, como que o seu espírito se desprendia e escutava-lhe ainda as palavras quentes e dominadoras; contemplava o seu porte de atleta, o verdadeiro tipo que ela idealizara em seus sonhos de menina e moça; todavia, o seu amor fora infeliz, como tantos, e o seu coração não possuía a força necessária para esquecer. Um decênio havia que ela se recolhera ao antigo mosteiro, à sombra protetora da fé, para olvidar os devaneios da juventude.

Naquele langoroso crepúsculo, Sóror Angélica, numa inquietação febril, buscou a sua cela mais desanimada e, após as orações noturnas, só quando já se aproximavam os albores matutinos, foi que a pálida freira conseguiu adormecer. O seu espírito atribulado contemplou então uma visão estranha: parecia-lhe ver o gênio do amor mundano, aureolado de rosas rubras e perfumadas, trazendo nas mãos uma taça finíssima, que ela adivinhava conter a essência dos prazeres fugazes e tentadores, a dirigir-se-lhe, exclamando:

– Por que envergaste o burel dos penitentes amargurados? És tão jovem ainda! Vem celebrar as canções descuidadas que ando a entoar na superfície do mundo! Teu cérebro tresvairava quando trocaste as minha flores olentes pelos espinhos martirizantes dos cílios voluntários; pois bem, ainda te ofereço, magnanimamente, as horas fagueiras de um gozo ilimitado. Quebra os grilhões malfadados que te retém longe de mim e ser-te-á outorgada uma ventura inefável!

Sóror Angélica estendeu-lhes os braços, palpitando de alegria, porém, era-lhe impossível atingir a meta das suas esperanças e a pobre serva de Deus despertou soluçando.

## II

É decorrido algum tempo. Sóror Angélica, de dia para dia, tornava-se cada vez mais pálida, qual um lírio alvacento fustigado pelos vendavais. Toda ela era uma figura marmórea, que seria imortalizada com êxito pelos inspirados artistas da Renascença. As suas superioras, docemente, a afastaram das obrigações usuais que lhe eram distribuídas nas tarefas do convento, o seu confessor lhe proibira, temporariamente, os cílios e a exortara a dedicar-se com mais fervor ao culto da Virgem Imaculada.

Longas horas permanecia em prece, ante a imagem da Mater Dolorosa, que lhe sorria suavemente.

A pobre freira evocava, constantemente, o passado e a desdita do seu amor desventurado e, para vencer as penosas influências que lhe trazia a recordação do mundo exterior, ocultamente, embora a situação precária da sua saúde, ela se entregava às mais acerbas macerações.

Numa manhã, a desditosa Sóror arrastou-se do seu apartamento à capela consagrada à Mãe de Jesus. Genuflexa, contemplou a terna efígie, que trazia o coração fendido pelo gládio de todas as torturas e, humildemente, implorou-lhe:

– Mãe querida, vós, que tivestes a alma dilacerada por todos os martírios, o coração esfacelado pelas adagas aceradas das dores superlativas, que amastes com o mais imaculado dos afetos, estendei-me os vossos braços tutelares, cobri-me com o vosso manto resplandecente, constelado de todas as virtudes!

Da imagem impassível parecia emergir uma suavidade crescente; o seu coração sulcado pelo venábulo da amargura emitia raios suavíssimos, de uma luminosidade astral indefinível, que afastava dali, muito longe dali, a alma pura de Sóror Angélica. O seu espírito parecia vaguear num plano desconhecido, onde os anjos formosos da Fé lhe prometiam felicidades indescritíveis. Eram esses seres imateriais que lhe infiltravam a coragem precisa para conduzir, através das sendas pedregosas da sua existência, o pesado madeiro das suas provas remissoras.

## III

Ângelus. A luz opalescente do crepúsculo derrama reflexos esbatidos no grande recinto da capela-mor do mosteiro, em cujo centro se ergue um catafalco florido, onde repousa o cadáver de freira. O órgão salmodia, soluçando harmonias dolorosas, e todas as irmãs religiosas se acercam da sua companheira, que deixa entrever um sorriso misteriosamente divino, dela se despedindo com um leve beijo naquelas faces álgidas e descoloridas.

Era Sóror Angélica que partia para a outra vida, onde encontraria paz para a sua alma torturada; a sua alma de virgem, qual nívea camélia, elevava-se às paragens divinas, onde, como lhe prometiam as doces visões da Fé, iria celebrar os cantos melodiosos de um epitalâmio sideral.

9 de abril de 1931

# HARMONIA DA DOR

Existe na dor uma harmonia misteriosa e divina; harmonia que ilumina as almas, transformando-as em seres angelicais. As lágrimas, que são as manifestações dessa maravilhosa sinfonia, são as notas indefiníveis que os olhos interpretam.

A dor! Contato místico com o superior e o sublime!

É ela a inspiradora dos elevados surtos do pensamento, o fogo potente que consegue destruir os martirizantes atilhos que fazem o espírito curvar-se aos lodaçais do mundo, prodigalizando-lhe, deste modo, asas de luz para librar-se no espaço ilimitado. É ela quem desvenda ao coração humano grandiosidades excelsas, perspectivas deslumbrantes, reflexos majestosos de luzes desconhecidas e lhe segreda, em surdina, cantos de amor e de glória imarcescível e eterna.

Onde a vida palpita, onde há uma gota de sentimento, aí existe a dor, como se fosse a onipotência de Deus para aprimorar e iluminar, purificando.

É a dolorosa harmonia do sofrimento que conduz todos os seres no universo dos míseros planos da inferioridade às culminâncias resplendentes da suprema perfeição.

F. Xavier *(Pedro Leopoldo, Minas)*

7 de maio de 1931

# AS DUAS IRMÃS

— Cláudio, fala-nos um pouco da tua última viagem. Que dizes da tua estada em Florença, esse ninho de arte e de poesia?

Era Jeanne Goujon que interpelava Cláudio de Hansen, um aristocrático jovem berlinense que adorava Paris, com os seus cafés, os seus teatros e os seus "boulevards chics". À atmosfera de Berlin preferia os ares alegres da capital francesa, essa Paris adorável e eternamente moça.

Era Cláudio o mais assíduo frequentador dos salões das irmãs Goujon, Jeanne e Lucille, duas mademoiselles da mais fina sociedade parisiense; desde que os seus ricos progenitores as deixaram sós neste mundo, residiam em companhia de uma dama idosa, antiga amizade da família, ao lado de alguns fâmulos dedicados. O suntuoso palacete que lhes servia de moradia erguia-se majestoso quase junto ao Bosque de Bolonha, aonde frequentemente se dirigiam, como a um ponto de reuniões galantes para distrações habituais.

Lucille e Jeanne, não obstante os seus vultuosos rendimentos que lhes asseguravam uma vida despreocupada e feliz, o que muitas vezes torna egoísta o coração, eram duas almas bondosas e sentimentais. Amavam as artes, cultivando-as, e encontraram em Cláudio de Hansen, espírito ilustrado e romântico e sobretudo conhecedor de várias partes do mundo, devido às suas inúmeras viagens, um amigo de todos os dias, carinhoso e agradável. Entretinham-se com a sua palestra fraternal e instrutiva horas a fio e andavam até esquecidas das suas viagens semanais a Boulogne-Sur-Seine, onde habitavam diversas amigas de sua particular intimidade. A própria Sra. De Augier, a velha governante, profetizava que aquelas palestras encantadoras eram um preâmbulo de uma história de amor, o que ouviam sorrindo as duas irmãs.

Naquele dia, no salão de recepção, versava a conversação entre os três sobre a viagem que o moço realizara através da Itália, demorando-se sobretudo em Verona e Florença, onde, conforme dizia, fora colher motivos para um livro sobre Arte que tencionava escrever.

– Florença, replicava ele à curiosa Jeanne, é bela pela recordação perene que guarda dos seus artistas célebres. Berço de Cellini de Botticelli e tantos outros gênios esplêndidos, ela só poderia angariar a justa fama de Atenas da Itália. O amante do artístico embriaga-se com os seus ambientes poéticos. A nossa imaginação torna-se povoada das imagens daqueles que elevaram tão alto o seu nome e a inspiração acode à nossa alma, ávida de emoções, em sopros quentes e fortes.

Lucille e Jeanne escutavam-no embevecidas, ambas aspirando deliciosamente as palavras que lhe caíam dos lábios finos e aristocráticos. Era um afeto profundo que consagravam a esse moço gentil e instruído, que nascera tão distante delas e a quem se sentiam tão unidas pelas afinidades de pensamento. Todas as noites reproduziam-se essas cenas, esses colóquios dos três, que se externavam sobre a música, sobre a pintura, sobre a literatura e tudo quanto se relacionasse com a Arte que tanto os dominava. Todavia, insensivelmente, as suas conversações mudaram-se de rumo e constantemente agora diziam de tudo o que pairasse nos domínios da psicologia. Eram os sentimentos humanos que tomavam para tema das suas palestras e em torno do amor rodopiavam agora as suas opiniões.

Dois anos fazia que aquela amizade continuava sempre ardente em arroubos de um afeto ilibado. As meninas Goujon reconheciam já a vida muito insípida sem aquele amigo e durante as ausências de Cláudio nas suas viagens costumeiras, trocavam entre si, assiduamente, missivas afetuosas, repletas dos sentimentos elevados e puros das suas almas românticas.

Certa tarde, em que as duas irmãs se dirigiam sozinhas ao Bosque de Bolonha, lamentou-se Jeanne da ausência do amigo; Lucille fitou-a demoradamente.

– Jeannete, disse ela, quero crer que dedicas ao Sr. De Hansen um sentimento muito acima da amizade vulgar...

– Justamente. Não posso saber se me sinto correspondida com a mesma intensidade de afeição, mas presumo que amo Cláudio, minha irmã. Ao vê-lo, uma torrente de sensações estranhas explode no meu ser. Gosto de contemplar os seus olhos lindos, os seus lábios finos, quando me falam tão divinamente de todas as questões da vida.

E um sorriso de felicidade íntima aureolou as suas frases esperançosas.

Lucille empalideceu ligeiramente, dominando, porém, os seus sentimentos e conservando-se silenciosa.

É que também sabia amar Cláudio de Hansen com todas as forças da sua alma romântica. Sentia que sem ele a vida ser-lhe-ia um fardo bem pesado. Contudo, prometeu a si mesma sacrificar-se pela irmã querida, esfacelando os ideais do seu coração sensível; aquela confidência fazia-a sofrer intensamente, porém conformar-se-ia com os desígnios do destino e trabalharia para erguer o castelo de ventura da sua Jeanne adorada.

Numa noite, Cláudio chegara como de costume, mas os seus olhos febris revelavam que algo de anormal acontecia em seu íntimo. Convidou Jeanne a descer consigo ao jardim. O coração da jovem fremia de prazer, palpitou de estranho júbilo. Seria que ele a amava? Iria confessar-lhe o seu amor? Um mundo de miragens douradas aflorou-lhe na alma.

– Jeanne, principiou ele, da nossa assiduidade constante, nasceu-me no peito um sentimento profundo. Um sentimento acrisolado e sublime que venho acalentando sem saber exprimir, um sentimento maior que a arte que tanto amamos, um sentimento que a ciência não define, que o homem não compreende, que só o coração sabe sentir. É amor, um amor profundo, ilimitado, único e eterno!

A moça ouvia-o enlevada. Experimentava ânsias de atirar--se em seus braços, de beijar aqueles lábios, aqueles olhos adorados, oscular, cheia de amor, aqueles cabelos louros que povoavam os seus sonhos prometedores. Ah! Sentia-se amada. Cláudio vinha falar-lhe também deste sentimento divino que ela lhe consagrava!

– Amo ardentemente, continuou o jovem, a tua irmã Lucille, adoro-a como se adora uma só vez na vida e achas, Jeanne, que ela me corresponde com o mesmo afeto?

A pobre moça sentiu uma onda de sangue toldar-lhe a vista, transbordar no seu coração, apossar-se do seu cérebro e de todos os seus membros; reagiu, porém, o necessário para manter-se firme em tão dolorosa prova. O seu peito arfava como se fora ferida, no mais caro objeto das suas aspirações.

– Calas-te, Jeanne? Por quê? – prosseguiu Cláudio.

– Sr. De Hansen, conseguiu retorquir-lhe, não sei dizer se Lucille lhe ama, todavia, ambos são dignos um do outro. Ela é merecedora do seu cavalheirismo, delicadeza e inteligência e o senhor é muito digno da bondade imensa do coração dela. Serei eu que mais me alegrarei com a realização dos seus sonhos de ventura!

– Obrigado, querida Jeannete!

Nesse momento, aparecia ao longo dos canteiros de hortênsias a graciosa silhueta de Lucille; Jeanne respirou e, pretextando um motivo qualquer para voltar aos seus aposentos, retirou-se apressadamente, contendo a custo o pranto que lhe borbulhava nos olhos.

No jardim, entre as carícias das flores, permaneciam Cláudio e Lucille. O moço não pôde suportar o sentimento que o dominava; acercou-se da jovem e, arrebatando-lhe as mãos, murmurou-lhe ao ouvido:

– Amo-te, Lucille. Já não posso ocultar este sentimento profundo, este amor eterno. Dize-me que também me ama para que eu seja feliz. Adoro-te!

Lucille tremeu àquela declaração inesperada; atordoada com aquela revelação, sentia-se insensibilizada. De um lado, o seu coração pedia-lhe que o adorasse; de outro, a efígie do dever, severa e impassível, ordenava-lhe energicamente que o repelisse para não sacrificar a ventura da sua irmã.

O seu silêncio, porém, dizia ao moço que ela o correspondia com o mesmo afeto imorredouro e como a hesitação é também sinônimo de amor, os braços de Cláudio cingiram-na e ele beijou-a nos lábios com sofreguidão. Ah! Ao contato daqueles lábios de fogo ela olvidou deveres, abnegações e todas as promessas de sacrifício e Lucille entregou-se àqueles braços que idolatrava.

— Amo-te Cláudio, disse-lhe embriagada de ventura, todavia aos gritos do dever regressou quase apressada ao interior da casa não desejando prolongar aqueles momentos que a inebriavam.

Lá dentro, Jeanne ensaiava no piano uma canção tristonha; não podendo ocultar-se, pois isto seria a desaprovação indelicada aos sentimentos do seu amigo, procurava executar uma composição de lamentos que se intitulava "La Larme".

— Querida Jeannete, exclamou Cláudio, porque entoas a lágrima? Isto seria hoje para mim um mau augúrio. Canta uma canção de luz, de mocidade e de amor!

A pobre Jeanne esforçou-se por sorrir e dedilhou uma melodia magnífica cheia de sol da alma, de alegria transbordante.

Cláudio de Hansen naquele dia partira mais venturoso do que nunca. Possuía a alma da sua bem-amada; era o quanto bastava para que este mundo se lhe afigurasse um paraíso de delícia.

No outro dia toda Paris enchia-se de assombro. O incidente de Saravejo originara a guerra que naquele dia se achava declarada entre a França e Alemanha.

Cláudio desapareceu da elegante vivenda das meninas Goujon. Após alguns dias de ansiedade e incerteza, veio ter às mãos de Lucille uma longa carta que ele lhe dirigia em despedida. Reiterava a sinceridade dos seus afetos e prometia voltar para se amarem eternamente; fugiriam do mundo, buscariam um recanto sublime da natureza onde pudessem gozar longe de Paris e Berlim, protegendo a adorada Jeannete que haveriam de amar como irmã muito querida.

A carta foi lida entre lágrimas.

Durante quatro anos, a guerra estendeu sobre o mundo inteiro o seu manto de horrores.

As irmãs Goujon internaram-se como enfermeiras nos hospitais de sangue de Paris.

Celebrara-se o armistício e a cidade engalanou-se de flores: flores da paz, de esperanças no futuro após as borrascas das lutas fratricidas.

E Lucille e Jeanne, ansiosas, ambas investigaram doidamente sobre o paradeiro do seu amigo deleto. Após algum tempo de louca expectativa vieram a saber que Cláudio de Hansen, lutando como um leão, morrera heroicamente nos campos de Flandres.

F. Xavier *(Pedro Leopoldo, Minas)*
=====================================
16 de julho de 1931

# A FELICIDADE

A vida é uma vibração perene, cujas irradiações ascendem para a perfectibilidade. Desde o berço, vem o homem desejando algo intangível, que se apelida de felicidade. E da juventude à velhice ele é um herói lendário, sonhando esposar essa deidade quimérica. Luta e sofre, goza e ri, possuindo entre as mãos, alternativamente, as escassas horas de alegria e os excessivos anos de amargura, dentro da existência.

A felicidade é como sombra fugitiva, que se esvai, furtivamente, quando se desperta de algum sonho. A alma humana sonha-a na realização de um excelso ideal de amor e, ao concretizá-lo, vem a desilusão, geralmente, desfazer os suaves tecidos da alegria; reconhece-a na satisfação de um desejo de ordem material e, ao realizá-lo, encontra-o mesquinho para a sua personalidade, que já se considera excessivamente elevada. Satisfaz as suas aspirações, cobre-se-lhe o nome de glória, banha-se em caudais de ouro e a felicidade é para ela um problema tão insolúvel como no primeiro dia em que essa idéia dourada lhe aflorou ao cérebro, pleno de esperanças promissoras.

Todavia, eu creio na felicidade – não na felicidade como geralmente se crê; não a vejo nos tesouros efêmeros da Terra, nos gozos fictícios que se relacionam com o corpo. Não se pode pedir o incorrutível [1] ao perecível, a perfeição ao imperfeito. A felicidade reside no aprimoramento do nosso espírito, na ação de alijá-lo de suas imperfeições, conduzindo-o ao grau máximo de perfectibilidade.

As rosas perfumadas da ventura são colhidas nos jardins da bondade, nas estâncias do amor, nas paisagens da luz. Elas se acham na pureza dos sentimentos, na divinização da arte, nos reais gozos da alma. Quando o homem se inteirar desta sublime verdade e não desprezar a perfeição da sua alma, pelo endeusamento do instinto, conhecerá a felicidade como uma questão íntima e, desde esta vida transitória, sentirá a alvorada luminosa da ventura imperecível.

F. Xavier

16 de julho de 1931

---

[1] Reproduzido como o original. O correto deve ser *"incorruptível"*.

# VIRGEM MORTA

Ela possuía a alvura alabastrina
    Das camélias bordadas de luar,
    Qual se fosse uma pérola divina,
No oceano da vida, a palpitar!

Amara desde quando pequenina,
Aquele que era o herói do seu cismar;
Fitava-lhe a figura esbelta e fina,
Nobre e valente, lúcida a brilhar.

Mas ó que o mundo ingrato não lhe dera
Este tipo ideal de almas formosas;
Em vez de amor, a sombra da quimera...

E, alma tangida, pelas amarguras,
Qual perfume do cálice das rosas
Evolou-se, puríssima, às Alturas!

### F. Xavier *(Pedro Leopoldo)*

30 de julho de 1931 [1]

---

[1] O soneto é de autoria de Chico Xavier e seu original, na letra do médium, consta do livro *Chico Xavier – O primeiro livro*, organizado por Geraldo Lemos Neto e Sérgio Luiz Ferreira Gonçalves (Vinha de Luz, 2010, p. 65). Comparando os textos, verifica-se que o reproduzido no jornal apresenta algumas diferenças do original sob a guarda da Vinha de Luz Editora, o que corrobora que as adulterações na obra do maior médium de todos os tempos ocorre desde o início da sua tarefa psicográfica.

# REGRESSO DO SONHADOR

De onde vens, sonhador, de pés chaguentos,
Níveos cabelos, faces maceradas,
Olhar que me revela os sofrimentos,
Toda a angústia das almas torturadas?

– Regresso da paragem das quimeras,
Onde a vida é repleta de bonança,
Onde empunhei as liras da esperança
Para cantar as rubras primaveras!

Gozei cantando a vida na ventura,
Divinizando o encanto das mulheres;
Desconhecia os prantos da amargura,
Num turbilhão e efêmeros prazeres.

Era do sonho o trovador ditoso,
Cantando o amor em lúcidas vitórias,
De alma coberta por lauréis de glórias,
Num viver todo em flor, esplendoroso.

Mas veio um dia (há sempre, em nossos dias,
Um dia de tristeza e sofrimento)
Que me apagou o fanal do sentimento,
Roubando o meu tesouro de alegrias.

E da dor sob a mágica influência,
Reconheci que o gozo da matéria
É manto de ouro em cima da miséria,
É vã mentira o gozo da existência.

E esse manto dourado então despindo,
Aguardo a morte cheio de ansiedade,
Dela esperando as luzes da verdade,
No infinito da Luz, radioso e lindo!

F. Xavier *(Pedro Leopoldo, Minas)*

10 de setembro de 1931

# REDIVIVO

Ó coração, senhor soberbo e altivo,
Por que te desespera, por que choras?
Por que que hás de sonhar com mil auroras,
Quando a dor te aguilhoa e traz cativo?

Dize, pois, coração, por que motivo
Na ampulheta dos dias e das horas
Mais aumentais as ânsias redentoras,
Prometeu no meu peito redivivo?

Redivivo afinal se-lo-ás um dia,
Quando a morte, estes liames cortando,
Devolver tua essência luminosa.

Às paragens de célica harmonia,
– Já não serás escravo miserando,
Mas centelha brilhante e esplendorosa!

**F. Xavier** *(Pedro Leopoldo, Minas)*

10 de setembro de 1931[1]

---

[1] O soneto é de autoria de Chico Xavier e seu original, na letra do médium, consta do livro *Chico Xavier – O primeiro livro*, organizado por Geraldo Lemos Neto e Sérgio Luiz Ferreira Gonçalves (Vinha de Luz, 2010, p. 76). Comparando os textos, verifica-se que o reproduzido no jornal apresenta algumas diferenças do original sob a guarda da Vinha de Luz Editora, o que corrobora que as adulterações na obra do maior médium de todos os tempos ocorre desde o início da sua tarefa psicográfica.

# PENITENTE FELIZ

*À Gláucia*

Nas dolorosas vias dos destinos,
  Eu vou marchando, humilde penitente,
  E, embora a dor, eu marcho alegremente,
Da luz buscando os páramos divinos.

Quando a mágoa me açoita, persistente,
Tangedora dos pobres peregrinos,
Eu vislumbro reflexos tão celinos,
De alma feliz, esperançosa e crente.

Embora em pleno viço dos meus anos,
A mocidade não me traz enganos,
Nem a ilusão me envolve nos seus véus;

E, abandonando os gozos mais vulgares,
Sinto a luz dos espaços estelares,
– A alma librando na amplidão dos céus!

**F. Xavier** *(Pedro Leopoldo)*

24 de setembro de 1931[1]

---

[1] O soneto é de autoria de Chico Xavier e seu original, na letra do médium, consta do livro *Chico Xavier – O primeiro livro*, organizado por Geraldo Lemos Neto e Sérgio Luiz Ferreira Gonçalves (Vinha de Luz, 2010, p. 75), sem a dedicatória. Comparando os textos, verifica-se que o reproduzido no jornal apresenta algumas diferenças do original sob a guarda da Vinha de Luz Editora, o que corrobora que as adulterações na obra do maior médium de todos os tempos ocorre desde o início da sua tarefa psicográfica.

# ÁRVORES

São elas duas árvores frondosas,
    Na solidão verdoenga de uma estrada,
    Numa alfombra de relva perfumada
Por florinhas humildes e olorosas.

Aos fulgentes clarões da madrugada,
Sob os beijos das brisas bonançosas,
Suas ramas se osculam caprichosas,
Na paisagem de sol iluminada.

Nas primaveras cobrem-se de flores,
Que se abraçam, repletas de ventura.
– Quadro sublime em sua singeleza!

As árvores, por certo, têm amores.
– É tudo amor, dos vermes à criatura,
– É tudo amor, na luz da natureza.

        F. Xavier *(Pedro Leopoldo, Minas)*

        10 de dezembro de 1931

# ACONSELHANDO-ME

Abre-te, coração, aos dúlcidos ensinos
Daquele que entregou sua alma angelical
Nos braços de uma cruz – o Lúcido Zagal –
Supremo executor dos arestos divinos.

Que possas sempre ser a intérmina caudal,
Qual a fonte do bem, em jorros cristalinos,
Ou de raios de luz, excelsos, diamantinos,
Da verdade que brilha, esplêndida e imortal.

Não te afastes jamais do modelo maior.
– Jesus – toda a expressão de sublimado amor,
Luminoso fanal de suma perfeição.

Não te enveredes, pois, nos vícios e nos crimes,
Procura o belo e o bom, do mal não te aproximes,
Sê bondade e sê paz, sê luz e sê perdão!

### F. Xavier *(Pedro Leopoldo)*

21 de janeiro de 1932 [1]

---

[1] O soneto é de autoria de Chico Xavier e seu original, na letra do médium, consta do livro *Chico Xavier – O primeiro livro*, organizado por Geraldo Lemos Neto e Sérgio Luiz Ferreira Gonçalves (Vinha de Luz, 2010, p. 88). Comparando os textos, verifica-se que o reproduzido no jornal apresenta algumas diferenças do original sob a guarda da Vinha de Luz Editora, o que corrobora que as adulterações na obra do maior médium de todos os tempos ocorre desde o início da sua tarefa psicográfica.

# AVOZINHA

Doce figura de velhinha,
    Que reza a Deus pelos seus netos,
    Oh! Que puríssimos afetos
São os afetos da avozinha!

Dentro de sua alma não existe
O ardor do sol da mocidade,
Ali há a luz da suavidade,
De suavidade meiga e triste.

Nos lindos contos pequeninos
Que nos relata, devagar,
Como parece então amar
A pulcritude dos meninos!

São as histórias de beleza,
Dos pobrezinhos no Natal,
São as do bem vencendo o mal,
Do rei, do príncipe e a princesa.

As dos castelos fulgurantes,
Cheios de fadas encantadas,
Que adormeciam nas estradas
Os descuidados viandantes.

São as do gênio dos carinhos,
Que Deus mandava aos desditosos,
Que então vestia os andrajosos
E dava pão aos orfãozinhos;

As do enjeitado sofredor,
Que não possuía o amor materno,
E que um anjinho muito terno
Levara ao Céu com todo amor.

Ah! Avozinha, o tempo voa,
Mas tua angélica figura
Fica em nossa alma sempre pura,
Doce velhinha que abençoa!

**F. Xavier** *(Pedro Leopoldo, Minas)*

11 de fevereiro de 1932 [1]

---

[1] O poema é de autoria de Chico Xavier e seu original, na letra do médium, consta do livro *Chico Xavier – O primeiro livro*, organizado por Geraldo Lemos Neto e Sérgio Luiz Ferreira Gonçalves (Vinha de Luz, 2010, p. 67). Comparando os textos, verifica-se que o reproduzido no jornal apresenta algumas diferenças do original sob a guarda da Vinha de Luz Editora, o que corrobora que as adulterações na obra do maior médium de todos os tempos ocorre desde o início da sua tarefa psicográfica.

# ÂNSIA ETERNA

*À Carmen de Souza Costa*

Essa ansiedade eterna e incompreendida,
    Que faz vibrar os corações humanos,
    Que, no transcurso intérmino dos anos,
Traz o amargor e as ilusões da vida;

Essa ânsia assim sublime, indefinida,
Que retém o destino em seus arcanos
E que domina escravos e tiranos,
Que a tudo e a todos leva de vencida;

Esse anelo de luz e de ventura,
Que o coração de todas as criaturas
Acalenta, feliz, em ânsias belas,

É o amor, essa chama esplendorosa,
Que à perfeição excelsa e majestosa
Conduz almas e sóis, lírios e estrelas!

F. Xavier *(Pedro Leopoldo, Minas)*

17 de março de 1932

# SOBRE A DOR

Suporta calmo a dor que padeceres,
    Convicto de que até dos sofrimentos,
    No desempenho austero dos deveres,
Mana o sol que clareia os sentimentos.

Tolera sempre as mágoas que sofreres,
Em teus dias tristonhos e nevoentos.
Há reais e legítimos prazeres,
Por trás dos prantos e padecimentos.

A dor, constantemente, em toda parte,
Inspira as epopeias fulgurantes,
Nas lutas do viver, no amor, na arte;

Nela existe uma célica harmonia,
Que nos desvenda, em rápidos instantes,
Mananciais de lúcida poesia!

F. Xavier *(Pedro Leopoldo, Minas)*

24 de março de 1932 [1]

---

[1] O soneto é de autoria de Chico Xavier e seu original, na letra do médium, consta do livro *Chico Xavier – O primeiro livro*, organizado por Geraldo Lemos Neto e Sérgio Luiz Ferreira Gonçalves (Vinha de Luz, 2010, p. 81). Comparando os textos, verifica-se que o reproduzido no jornal apresenta algumas diferenças do original sob a guarda da Vinha de Luz Editora, o que corrobora que as adulterações na obra do maior médium de todos os tempos ocorre desde o início da sua tarefa psicográfica.

# POBRE VELHINHA

A velhinha agoniza. Encarquilhadas aquelas faces, outrora rúbidas, enevoado aquele olhar, antes límpido, encanecida aquela basta cabeleira, que antigamente emoldurava um rosto angélico e é hoje uma aureola de fios nevados pelos invernos da vida!

Também amara. Também sentira o coração submerso nas catadupas luminosas das sublimes sensações prodigalizadas pelos anos; todavia, nunca a felicidade lhe sorrira na face da Terra, onde as lágrimas pululam por toda a parte, jamais conseguira realizar os anelos do seu coração sensível e delicado. Abandonaram-na todos. Apesar de oferecer sempre as manifestações benditas de um afeto ilimitado a tudo quanto a rodeava na vida, a ingratidão alheia acicatava-lhe o íntimo, com um látego de serpes envenenadas. A lágrima foi a sua companheira constante, através do peregrinar na sua via crucis; foi ela quem, junto ao bálsamo dulcificante da Fé, lhe amenizou os agros pesares da vida, quem lhe afastou o amargor, quem lhe proporcionou consolações dulcíssimas. O sofrimento, como um fantasma, perseguia-a em todos os seus instantes e foi assim, arrastando-se penosamente pelos carreiros da dor, que aquela alma atingiu a senectude, sem que uma doce recordação da mocidade a fizesse volver os olhos, saudosamente, à primavera da existência; as suas dores, no transcurso dos anos, irmanaram-se, sucedendo-se, incessantemente, e foi num amálgama de torturas que o seu viver decorrera do berço ao túmulo, das alvoradas róseas da infância aos langorosos crepúsculos da velhice...

Pobre velhinha! Agonizante, ela contempla, no seu pensamento lúcido, a doce imagem do Crucificado, sublimado no apogeu dos seus martírios; já os seus lábios não mais se entreabrem para murmurar preces de ansiedade indizível, mas o seu pensamento vigilante e iluminado eleva a Deus uma súplica fervorosa. Sente-se intimamente invadida por uma tranquilidade indefinível... vislumbra no mistério da morte uma aurora de paz para as suas dores, um termo aos seus sofrimentos, o dealbar de um dia de paz inextinguível, após a noite borrascosa da existência terrena; e, abençoando as próprias amarguras que lhe depuraram o ser, aprimorando-lhe a alma, a velhinha sente-se imersa num oceano de dúlcidas vibrações. Em seus ouvidos repercutem os ecos de sons longínquos de músicas celestes... São talvez Paganinis siderais, celebrando o ingresso daquela alma santa nos páramos constelados, artistas invisíveis entoando hinos de amor aos acordes de harpas eólias, exaltando as harmonias da dor, delas formando um poema de luz.

E dos olhos tranquilos da anciã, já quase na fixidez definitiva da morte, desliza uma lágrima, suavíssima impressão daquela alma purificada ao ascender às excelsas luminosidades da imensidão eterizada e radiosa, onde resplendem as alvoradas esplendorosas do amor de Deus.

F. Xavier

1 de setembro de 1932

NOVO ALMANAQUE
DE
# LEMBRANÇAS
LUSO-BRASILEIRO
PARA O ANO DE 1931

*Director:*
O. XAVIER CORDEIRO

Adornado de gravuras, enriquecido com muitas
materias de utilidade publica, e com o retrato e a biografia
do falecido ex-Presidente da Republica Portuguesa

DR. ANTONIO JOSÉ DE ALMEIDA

81.º ANO DA COLECÇÃO

1930

PARCERIA ANTONIO MARIA PEREIRA
LIVRARIA EDITORA
*Rua Augusta — 44 a 54*
LISBOA

*Os irmãos Chico e José Xavier em 1935*

# Novo Almanaque de Lembranças Luso-Brasileiro

# UNINDO A CULTURA E A LITERATURA DOS PAÍSES DE LÍNGUA PORTUGUESA

O *Almanaque de Lembranças Luso-Brasileiro* circulou entre 1851 e 1932. Era uma publicação anual, robusta (chegou a ter 500 páginas), que pretendia contribuir para a aproximação cultural e literária, não só do Brasil e de Portugal, como também dos demais países de língua portuguesa, como Angola e Cabo Verde. Era destinado a pessoas de todas as classes sociais e de todos os níveis culturais. Ao mesmo tempo em que oferecia artigos noticiosos, instrutivos e de utilidade, apresentava poesias e passatempos, e estimulava as produções de seus leitores, o que era um grande atrativo, e que propiciou, inclusive, a colaboração de mulheres, algo incomum na época, algumas assinando com o próprio nome e outras com pseudônimo.

Os oito textos de Chico Xavier que localizamos nessa publicação – nas edições de 1930, 1931 e 1932 – suscitam algum mistério. Boa parte deles é de *charadas*, tipo de passatempo que aparecia com maior frequência, todos assinados por "Francisco Xavier", e com a complementação, em sua assinatura, da expressão "Do *Bloco dos Três*".

Eis que se descobre que Chico Xavier era um experiente pansofista, ou seja, aquele que cria e decifra enigmas ou charadas, também conhecido como charadista ou decifrador, e integrante de um "bloco" com um só membro conhecido – sim, porque até a feitura desta pesquisa não se sabia quem eram os seus dois outros integrantes.

É importante registrar aqui que não há qualquer referência, nas mais de 200 biografias do médium mineiro, dessas informações singulares acerca da sua personalidade. Nessa investigação, iniciada em 2012, buscamos solucionar a incógnita nas obras já editadas, junto daqueles que conviveram mais proximamente dele, notadamente seus contemporâneos, parentes ou amigos ainda encarnados, e, naturalmente, nas próprias edições do *Almanaque* que tivemos disponíveis para consulta – virtuais e físicas –, e foi por meio delas mesmo que chegamos a algumas conclusões.

Entretanto, antes de nos aprofundar no tema, faz-se fundamental nos inteirar mais sobre o *Almanaque de Lembranças Luso-Brasileiro*, e para tal recorremos à excelente dissertação de Mestrado de Andrea Germano de Oliveira Romariz, mestranda em Estudos Românticos/Cultura Portuguesa da Universidade de Lisboa/Faculdade de Letras, no ano de 2011, intitulada *O Almanaque de Lembranças Luso-Brasileiro: Um ensaio para um projecto maior?*. [1] Nossa intenção com isso é situar o caro leitor no cenário vivido por Chico Xavier à época, considerando aqui não o médium que despontava, mas o jovem interessado em adquirir e expandir saberes, e que também buscava consolidar o conhecimento das letras para o trabalho psicográfico emergente.

*"(...) 1. A História do Almanaque*

*(...) Acreditava-se que o vocábulo Almanaque era de origem incerta. Entretanto já se é sabido que a palavra é de origem árabe 'Almanakh', que significa 'lugar onde a gente manda ajoelhar os camelos'.*

*O Almanaque como designação de uma prática específica, importada para o Ocidente, era uma forma aculturada do*

---

[1] Disponível em: < https://repositorio.ul.pt/bitstream/10451/5145/6/ulfl106395_tm.pdf>. Acesso em: 15 mar. 2022.

conjunto de dados com que, em algumas cortes orientais, era tradição os astrólogos presentearem os seus soberanos no início de cada ano. Apesar de se tratar de uma publicação com origens pouco definidas, o Almanaque já atravessou pelo menos seis séculos, mantendo-se mais ou menos fiel aos objectivos práticos com que no século XV começou a ser confeccionado, conservando algumas das suas características que o tornam anacrónico para as nossas exigências contemporâneas. (...)

Ao largo do tempo, porém, o género foi procurando adaptar-se, no entanto, aos seus diferentes públicos. Por esta razão, deveria ser considerado um importante instrumento na história da cultura. Sendo publicado com uma certa periodicidade (quase sempre) anual, o Almanaque possui um variável e considerável número de páginas, que podem ir desde as dezasseis, tão habituais nos folhetos de cordel, até mesmo abranger algumas centenas. Poderíamos caracterizar este género editorial da seguinte maneira: a) – Quanto aos seus objectivos: Procurando ser uma obra prática de fácil e permanente consulta; b) – Quanto à sua estrutura: Apresentando-se variada. Muito embora as diferentes matérias se organizem tendo como referência um calendário, em que se fazem anotações religiosas (festas, santos, etc.), se indiquem as principais feiras e arraiais, se registem as fases da lua, etc.; c) – Quanto à natureza dos conhecimentos que veicula: Abrangendo desde os dados astronómicos e meteorológicos, efemérides, ou ainda curiosidades, conselhos práticos, mezinhas, pequenas notas sobre acontecimentos, fenómenos ou personagens, propagandas, horóscopo, até a notas astrológicas (sobretudo o 'juízo do ano'), anedotas, adivinhas, charadas, provérbios, quadras, contos, poesias, etc.

É correcto afirmarmos que a função do Almanaque na vida quotidiana dos vários públicos a que, ao longo dos séculos, se tem dirigido, é também hoje exercida por três outros tipos de publicações auxiliares, sendo elas: o calendário, o anuário e a agenda. O Almanaque inicialmente existiu sob forma manuscrita, contudo, com aparecimento da imprensa, começou a difundir-se cada vez mais, iniciando, assim, a sua progressiva aceitação por um público cada vez mais vasto e variado. Foi no século XIX, sobretudo na sua segunda metade, que o Almanaque se impôs em quantidade e variedade, incluindo informações de incontestável importância, muito embora ainda estivesse completamente distanciado dos avanços científicos e tecnológicos. De acordo com o seu público, pôde continuar, por um lado, sendo um pequeno folheto, dirigido à população rural, e dos arredores das cidades, ou, então, aumentar o número de páginas, e tornar-se um instrumento de divulgação de conhecimentos quer para um público geral, mais burguês e citadino, quer junto de algumas camadas sociais diferenciadas por ideários políticos, religiosos ou por outros interesses muito específicos. (...)

Sendo um impresso múltiplo em vários aspectos, o Almanaque realiza (...) a fusão do jornal, da revista e do livro, pois reúne notícias do presente, memórias do passado e reflexões prospectivas relacionadas com o ano vindouro, além de passatempos e criações literárias. Daí que Roger Chartier (...) considere os Almanaques como um género simultaneamente editorial e literário e que Lise Andries (...) os defina como manuais práticos de consulta diária, ressaltando ainda que eram frequentemente oferecidos como presente de Ano Novo. (...)

## 2. O Almanaque de Lembranças Luso-Brasileiro (...)

O Almanaque ao longo dos tempos sofreu adaptações para satisfazer os seus leitores em geral, foi também um repositário da cultura popular resistente aos avanços científicos, conciliando conhecimentos populares tradicionais na agricultura, na medicina, na astrologia, etc., com informações práticas e actualizadas. (...) A sua popularidade e importância no seu tempo não foram suficientes para torná-lo conhecido nos dias de hoje. Mas faz-se necessário esclarecer que, mantendo o rumo traçado pelo seu criador, Alexandre Magno de Castilho, o Almanaque de Lembranças sofreu consideráveis mudanças no longo período em que circulou (entre 1851 e 1932, inclusive). Para além das alterações que ocorreram no seu nome [a publicação em seu início tinha como título *Almanaque de Lembranças*, mas em sua quinta edição passou a chamar-se *Almanaque de Lembranças Luso-Brasileiro*, tendo, em 1872, alterado o nome para *Novo Almanaque de Lembranças Luso-Brasileiro* – interferência e grifo nossos] teve também aumentado em muito a sua extensão (cerca de cem páginas no primeiro número e até mais de quinhentas em outros volumes, aos quais se juntou, por vezes, um Suplemento), e foram alargando e diversificando as suas matérias. Os passatempos, os textos em prosa e os versos deixaram, em dado momento, de estar ligados a um determinado dia do ano, e passaram a constituir uma secção independente que, durante algum tempo, intitulou-se 'VARIEDADES' e passou depois, também, a receber uma numeração à parte. Contudo vale a pena ressaltar que o Almanaque de Lembranças Luso-Brasileiro se destinava ao grande público, não se restringindo apenas ao público masculino, apesar de surgir num século em que os papéis sociais femininos ligavam de modo estreito a mulher a um espaço doméstico e a instrução feminina era vista em função desse espaço.

Pode dizer-se que, até ao século XIX, poucas foram as mulheres que partiram de sua condição excepcional de alfabetizadas para se entregarem à escrita. O seu editor aceitou desde os primeiros números a colaboração de textos dos leitores para publicação no Almanaque de Lembranças Luso-Brasileiro, o que consequentemente abriu caminhos e possibilitou que muitas mulheres pudessem vir a publicar os seus escritos, quer com seu nome, quer com pseudónimo e/ou anonimamente. (...)

**3. Como e qual era a função do Almanaque de Lembranças Luso-Brasileiro?**

O Almanaque de Lembranças Luso-Brasileiro surgiu numa altura em que este género de publicações alcançara não apenas em Portugal, mas também no Brasil, incontestável importância e expansão. Os intelectuais dos dois lados do Atlântico perceberam os seus benefícios e, em particular, a possibilidade de atingir um vasto público e, com isso, melhor contribuir para a aproximação cultural entre as duas nações e para o interesse pela literatura e a cultura de ambas, bem como de outros territórios de língua portuguesa. No Almanaque de Lembranças Luso-Brasileiro eram frequentes os textos curtos, que descreviam hábitos e tradições locais, o que contribuiu para criar nos leitores o sentimento de pertença. É importante frisar que os editores do Almanaque de Lembranças Luso- Brasileiro foram homens de cultura elevada e de sólida reputação. Membro do Instituto Histórico de Paris, o seu fundador, Alexandre Magno de Castilho, era matemático e escritor, tendo exercido ainda relevante actividade pedagógica. O sobrinho que lhe sucedeu era engenheiro hidrográfico, professor da Escola Naval e membro do Instituto Histórico e Geográfico Brasileiro. Autor de diversas obras, organizou um arquivo-biblioteca sobre os Descobrimentos Portugueses, tendo reunido uma vasta informação sobre a geografia, a flora, a fauna e a vida social das colónias de Portugal, à semelhança do que se verifica na publicação em análise (...). Os demais editores do Almanaque de Lembranças também foram eruditos e escritores cuja bibliografia extravasa o nosso campo de interesses.

### 4. O Almanaque de Lembranças Luso-Brasileiro: Um ensaio para um projecto maior?

(...) os editores do Almanaque de Lembranças Luso-Brasileiro eram homens de cultura elevada e sólida reputação. Coordenadores da obra, determinando a sua natureza e ideologia, eles realizavam múltiplas tarefas, entre as quais a selecção das informações, dos escritos e dos autores que nela deveriam figurar, asseguravam a redacção de textos introdutórios com comentários de natureza variada, bem como agradecimentos e registos fúnebres e ainda a correspondência com leitores e colaboradores, aos quais davam conselhos e cujos textos elogiavam ou criticavam. (...)

Considerando a colectânea 'uma livraria em miniatura' *(Almanaque de Lembranças Luso-Brasileiro 1852, p. 22)*, Alexandre Magno de Castilho anuncia, no volume para 1854, que 'acceita com o maior reconhecimento quaesquer artigos que, por sua natureza e limitadas dimensões, possão entrar no seu Almanaque para 1855, quer se lhe remettão assignados, quer anonymos" *(Almanaque de Lembranças Luso-Brasileiro 1854, p. 15)* e agradece a colaboração que 'não poucos litteratos portuguezes dos mais distinctos lhe prestaram'.

O pedido de colaboração parece ter sido muito bem acolhido pelos leitores do Almanaque de Lembranças Luso-Brasileiro, porque já em 1860, o editor protesta, com veemência, contra a quantidade de 'maus' poemas que lhe eram enviados: 'Por Christo e por quantos santos ha na côrte do céu, não me matem com versos! N'isso já pouco se admitte hoje a mediocridade, e a maior parte das poesias que se me remettem está cem gráos abaixo do máu. (...) Antes uma pagina de boa prosa do que outra de versos detestaveis.' *(Almanaque de Lembranças Luso-Brasileiro 1860, 5).*

Os editores seguintes reiteraram em vão as advertências a respeito da qualidade dos poemas e procuraram evitar o envio de artigos muito extensos. Por outro lado, mencionaram frequentemente o sucesso do seu 'livrinho' junto ao público, não só em Portugal e nas suas Províncias Ultramarinas, mas também no Brasil. A ampla difusão geográfica e a abertura à colaboração dos leitores, através da impressão de textos enviados por eles – e seleccionados pelos editores – faziam com que estivéssemos perante uma obra com características muito particulares. Com efeito, o Almanaque de Lembranças Luso-Brasileiro devolvia ao seu público leitor uma selecção de escritos que lhe eram enviados por leitores, estimulando a colaboração de novos leitores e assegurando a continuidade da publicação, e uma reserva contínua e renovada de material publicável.

O facto é que as tiragens do Almanaque de Lembranças Luso-Brasileiro chegaram a exceder os vinte mil exemplares –

*somando-se-lhes, às vezes, reedições (...)* [Nota explicativa da mestranda, com grifo nosso: *"O interesse pela participação brasileira evidencia-se bem no facto de diversos números do Almanaque oferecerem facilidades para o envio de textos ao editor. (...)"*].

Note-se que o estreitamento das relações entre Portugal e o Brasil constituía um dos objectivos fulcrais da publicação iniciada por Alexandre Magno de Castilho (...). Com efeito, já no Almanaque de Lembranças Luso-Brasileiro para 1856, este autor fazia votos para que esta publicação fosse como verdadeiramente viria a ser: 'Um nexo mais entre nós 'portugueses' e os nossos irmãos brasileiros, estreite e fortifique os vínculos de sangue que mutuamente nos prendem; e já que é livro de lembranças, leve tambem lembranças da patria aos que longe d´ella gemem saudades!..." (Almanaque de Lembranças Luso-Brasileiro 1856, 27).

Assim, apesar de ter sido uma publicação pouco implicada com as questões da política do seu tempo, o Almanaque de Lembranças Luso-Brasileiro se posicionou com firmeza na defesa das ligações, da história e da cultura comuns de Portugal e do Brasil (...). (...)

### 4.1. O conteúdo inicial do Almanaque de Lembranças Luso-Brasileiro

Semelhante a outras publicações do mesmo tipo, o conteúdo inicial do Almanaque de Lembranças Luso-Brasileiro incluía um calendário, com o signo correspondente a cada mês, informações de cariz religioso (santos do dia, comemorações e prescrições da Igreja) e social (datas de festas nacionais, aniversários da família real portuguesa e da família imperial brasileira, elenco das feiras e mercados de Portugal) às quais foram acrescentados depois alguns textos de natureza vária, apensos a cada dia do ano, um índice, e observações do editor.

Em contrapartida, nele não se encontra a secção de astrologia, muito frequente nesse tipo de publicação. Progressivamente ampliado, esse elenco passou a abarcar informações sobre eclipses, marés, incêndios, pesos e medidas, selos, taxas alfandegárias, etc., bem como passatempos, poemas e prosa literária, além de anúncios. Incluía também listas dos colaboradores e das colaboradoras, da sua correspondência com o editor, bem como de retratos, perfis e biografias de figuras ilustres, às quais se desejava prestar homenagem.

Entretanto, entre 1872 e 1898 (inclusive) a publicação viu o seu título alterado para Novo Almanaque de Lembranças Luso-Brasileiro. Note-se que este anuário apresenta dois índices finais correspondendo a uma divisão dos seus colaboradores por género: uma lista de Autores e uma lista das colaboradoras indicadas simplesmente como "Senhoras".

As matérias que constavam dessa "nova" colectânea englobavam vinte e dois itens (alguns dos quais repartidos também em subitens) que, dela, nos podem dar um melhor conhecimento. São eles: 01 – Anedotas e chistes, 02 – Anedotas históricas e autenticas, 03 – Antologia portuguesa (trechos escolhidos de poetas e prosadores), 04 – Arqueologia e arquitectura (monumentos e edifícios notáveis, numismática, etc.), 05 – Antiguidades (coisas do passado – comemorações e apontamentos retrospectivos), 06 – Arte e artistas (apontamentos e esboços), 07 – Contos, apólogos e lendas, 08 – Educação e ensino, 09 – Epigramas e sátiras, 10 – Geografia (viagens e descrições), 11 – Etnografia (costumes, tradições, superstições e trovas), 12 – Gravuras, 13 – História (trechos e episódios), 14 – Homens e mulheres ilustres – (biografias, estudos, críticos, factos e notas), subdivididos em: Portugal, Brasil e diversos países, 15 – Lembranças (factos e notícias dos tempos modernos), 16 – Linguagem portuguesa (etimologias, locuções, etc.), 17 – Miscelânea moral e religiosa (santos e varões ilustres da Igreja), 18 – Mitologia e lendas fabulosas, 19 – Pensamentos, máximas e conceitos, 20 – Prosas literárias (portuguesas e brasileiras), 21 – Ciências naturais (receitas e indicações úteis), e por fim 22 – Poesias. (...)

## 4.2. Como era a organização do Almanaque de Lembranças Luso-Brasileiro

No Almanaque de Lembranças Luso-Brasileiro, estes materiais não obedeciam, contudo, a uma rígida organização, o que permite pensar que muitos deles seriam encaixados nos espaços disponíveis à medida que o editor os ia recebendo e/ou seleccionando. *Os diversos números do Almanaque trazem também muitas ilustrações, relacionadas, em geral, com o texto que acompanham (mapas de cidades, reprodução de monumentos, palácios reconhecíveis, sugestão de uma figura histórica) e produzidas especialmente para eles ou provenientes do estoque do editor. Destacamos que a publicação de escritos de autoria feminina no Almanaque de Lembranças Luso-Brasileiro não tardou muito a acontecer, dado que já, em 1854, nele se encontram quatro textos produzidos por mulheres: três poemas e um texto em prosa. A partir dessa data, todos os volumes passaram a incluir colaboração feminina, que foi crescendo até ao fim do século XIX, quando a percentagem de textos redigidos por mulheres incluídos nas páginas da publicação gradativamente começou a baixar. (...).*"

A participação de Chico Xavier nas edições do *Novo Almanaque de Lembranças Luso-Brasileiro* provavelmente se deu com a intermediação dos amigos Inácio Bittencourt e José Machado Tosta, ambos portugueses, quiçá acessíveis aos seus editores, ou, na pior das hipóteses, ao menos facilitando o envio de seus escritos à Livraria Editora Antonio Maria Pereira, com sede em Lisboa.

Como vimos no preâmbulo deste capítulo, ter um texto publicado numa edição do *Almanaque* não era algo muito fácil ou simples, pois requeria alguma habilidade literária, um mínimo de conhecimento da arte da pansofia, e muita atenção às rígidas regras editoriais e de envio.

Perscrutando as páginas introdutórias da edição de 1930, cuja seção charadística já estava sob a direção de Armando

Lima Pereira, encontramos instruções bem delineadas destinadas a todos aqueles que desejassem colaborar nas futuras edições, notadamente aos charadistas, que, obrigatoriamente, tinham que cumprir os requisitos à risca. Eram elas: 1) obedecer às regras de construção dos enigmas, charadas, logogrifos, novíssimas, figurados e problemas de Matemática; 2) enviar os textos escritos à máquina; 3) apenas utilizar os dicionários adotados pelas entidades charadísticas em Portugal e no Brasil; dentre outras.

Para se ter uma ideia de quão exigentes eram os seus editores, no expediente do periódico havia uma série de avisos, advertências e leis internas, a saber:

*"(...) Aviso – A falta de publicação de qualquer artigo enviado pode ser devida a uma das seguintes causas: 1ª - Extravio da remessa; 2ª - Falta de mérito; 3ª - Falta de observância das regras; 4ª - Falta de espaço.*

*Política e Religião – São assuntos melindrosos que os nossos colaboradores devem abster-se de tomar para motivo dos seus trabalhos, sob pena de os ver recusados.*

*Regras a observar – Para que os nossos colaboradores saibam as leis por que nos regemos, e para que os antigos as não esqueçam, aqui as publicamos a fim de serem tomadas na devida consideração. 1ª Só admitimos as seguintes especialidades charadísticas: 'charadas' (em verso), 'enigmas' (em verso), 'logogrifos' (em verso, 'novíssimas e enigmas figurados'.; 2ª As quatro primeiras especialidades devem ser apresentadas em 'composições originais'.; 3ª As decifrações totais e parciais devem adaptar-se 'rigorosamente' aos respectivos conceitos.; 4ª Nas charadas não se admitem parciais formadas por sílabas insignificativas ou tiradas das palavras do texto.; 5ª Os conceitos parciais e totais deverão ser sempre 'grifados'.; 6ª Os logogrifos não poderão ter mais de 15 letras na sua decifração total, devendo conter 'pelo menos' 4 parciais, nas quais se empreguem todas as letras da solução, e repetindo 'pelo menos' metade dessas letras. Não é permitido o emprego de*

asteriscos ou letras extranhas à decifração total.; 7ª As sílabas das 'parciais' serão sempre divididas em harmonia com as regras gramaticais.; 8ª Os enigmas figurados devem ser desenhados em papel branco, sem linhas, com a correcção e nitidez necessária para permitir a reprodução e preferindo-se os simétricos. (...); 9ª Todos os artigos serão escritos de um só lado do papel, separados uns dos outros, devendo 'cada um' trazer conjuntamente a decifração e assinatura do autor, indicando onde podem verificar-se as parciais e o total.; 10ª Só se admitem trabalhos que possam verificar-se nos seguintes dicionários:
a) 'Candido de Figueiredo' – 2 vol., todas as edições.
b) 'Caldas Aulete' – 2 vol.
c) 'J. T. da Silva Bastos' – 1 vol.
d) 'Simões da Fonseca' – 1 vol.
e) 'Francisco de Almeida' – 2 vol.
f) 'Francisco de Almeida & Henrique Brunswick' – 2 vol.
g) 'Antonio M. de Sousa' - Dicionário do Charadista – 2 vol. (1ª ou 2ª edição).
h) 'H. Brunswick' – Dicionário da antiga linguagem portuguesa – 1 vol.
i) 'José da Silva Bandeira' – Auxiliar do Charadista – 1 vol.; Dicionário abreviado da Mitologia Greco-Romana – 1 vol.; Dicionário de sinônimos da Língua Portuguesa – 1 vol.
j) 'Chompré' – Dicionário da Fábula – 1 vol.
l) 'Henrique Brunswick' – Dicionário ilustrado – 1 vol.
m) 'Fonseca e Roquette' – 2 vol.
11ª <u>As listas de decifrações serão organizadas como as do nosso anuário, sem outras indicações além do nome e residência do decifrador e o número de soluções obtidas.</u>; 12ª <u>Não se aceitam listas com menos de 100 decifrações.</u> [grifos nossos]; 13ª Toda a colaboração deve dar entrada na nossa redacção até 30 de MARÇO.; 14ª Todas as listas de decifrações devem estar em nosso poder até 30 de ABRIL. (...)

\*

Não publicaremos artigos extensos, sendo formalmente rejeitados os que excederem os limites de uma página, ou seja aproximadamente 44 linhas ininterruptas. (...)"

Das oito produções de texto de Chico Xavier que localizamos no *Novo Almanaque de Lembranças Luso-Brasileiro*, cinco delas categorizam passatempos, sendo um *enigma*, um *logogrifo* e três *charadas*, sendo que das duas, de 1932, não temos a decifração oficial, já que a publicação foi extinta.

Para situar o leitor quanto às especificidades desses tipos de "quebra-cabeças", de acordo com o *Guia do Charadista* (Sylvio Alves, 1957), charada *"é aquela classe de problema, seja feito em prosa, seja em versos, cujas soluções PARCIAIS, também chamadas PEDRAS, são expostas no enunciado de modo sinonímico e algumas vezes figurado ou obscuro"*. Já o enigma *"é um problema cuja solução se oculta por artifício, não sendo sujeito a regra alguma o modo por que essa solução pode ser procurada. O enigma pode ser exposto em versos, frases, tipos de imprensa e símbolos ou figuras desenhadas"*. O logogrifo *"é a última categoria de problema cujas soluções parciais são achadas pelas combinações de letras diversas de uma palavra ou frase que constitui a solução do conceito"* – que *"é a palavra ou frase componente do problema, onde se encerra a sua solução"*.

Nas listas de "Autores que colaboram no presente Almanaque", das edições dos anos de 1930, 1931 e 1932, encontramos o nome de Francisco Xavier, seguido do número das páginas nas quais seus textos figuram.

Em 1930, Chico colaborou com um enigma, à p. 295, que dedica a ARIEREPAMIL, anagrama de "Lima Pereira", sobrenome do diretor da seção charadista do *Almanaque*, Armando Lima Pereira, uma sumidade no gênero. Digna de nota é a expressão que acompanha a assinatura do texto de Chico Xavier – *Do Bloco dos Três* – que suscitou nossa atenção e maior investigação a partir desse achado.

Em 1931, Chico participou com três produções, sendo uma prosa, à p. 20; uma charada, à p. 205, que dedica a Maria de Sales Fonseca e a Julieta de Sales, duas charadistas provavelmente amigas suas de Pedro Leopoldo, e onde também aparece a expressão *Do Bloco dos Três* junto à assinatura do médium; e um logogrifo, à p. 351.

Em 1932, são quatro os textos de Chico Xavier na edição que seria a última a circular, pois o *Almanaque* deixou de ser impresso nesse ano: uma charada, à p. 63; um soneto, à p. 146; outro soneto, à p. 162; e uma charada, à p. 183, que dedica a uma de suas professoras no Grupo Escolar São José, em Pedro Leopoldo, D. Anna Alves de Almeida, e onde também aparece a expressão *Do Bloco dos Três* ao lado de seu nome.

Inicialmente, e o que nos pareceu mais lógico, é que o *Bloco dos Três* fosse formado por pessoas do círculo de convivência de Chico Xavier, mais especificamente de confrades espíritas, com os quais, naquele tempo, estivesse envolvido, podendo até mesmo se tratar do próprio Inácio Bittencourt, de Manuel Quintão, de Francisco Gorgot, ou algum outro amigo, embora a indicativa de procedência dos textos fosse, na maioria das vezes, "Pedro Leopoldo, Minas Gerais, Brasil", o que exclui, portanto, e de cara, as personalidades residentes fora do Estado e da cidade natal do médium.

Apurando a pesquisa dentro das três edições disponíveis, encontramos, então, nas listas de decifradores dos enigmas dos anos anteriores, os outros componentes do *Bloco dos Três*, assim sinalizados:

## LISTA DOS DECIFRADORES
### DO
## ALMANAQUE DE 1929

| nº de ordem | | nº de decifrações |
|---|---|---|
| 171 | **Francisco Xavier**, *Bloco dos Três*, | |
| | Pedro Leopoldo, Minas Gerais, Brasil. | 173 |
| 172 | **Nelmar**, *Bloco dos Três*, | |
| | Pedro Leopoldo, Minas Gerais, Brasil. | 173 |

## LISTA DOS DECIFRADORES
## DO
## ALMANAQUE DE 1931

| nº de ordem | | nº de decifrações |
|---|---|---|
| 181 | **Eu-Génio**, **Xavier** e **Nelmar**, Pedro Leopoldo, Minas, Brasil. | 268 |

Objetivando desvendar quem seriam Nelmar e Eu-Génio, esses outros dois componentes do *Bloco dos Três*, conterrâneos de Chico Xavier, realizamos, incansáveis, uma pesquisa na internet, em jornais, revistas e livros, indo também até à Biblioteca de Pedro Leopoldo. De *Eu-Génio* não há textos publicados nas edições de 1930, 1931 e 1932, dificultando ainda mais a investigação, e de *Nelmar* há apenas um logogrifo, à p. 94 da edição de 1932, dedicado ao premiado pansofista *Gondemaga*, do Rio de Janeiro. Acontece que as principais obras que tratam da história de Pedro Leopoldo não documentaram tais nomes e essas pessoas permaneceram desconhecidas para nós. Ponderamos que se Chico assinava *Francisco Xavier*, seus companheiros possivelmente usavam pseudônimos, um característico do meio charadista, como estatuía o regimento do *Almanaque*, e como se procede até os dias de hoje entre os amantes da chamada "arte do Édipo". Embora vários livros registrem o nome "Eugênio" em Pedro Leopoldo daquela época, o mais provável é que se tenha feito um trocadilho com essa palavra para denotar genialidade, já demonstrando, com isso, um caráter de "gênio" decifrador. Sobre *Nelmar*, nenhum foi encontrado nos livros de história da cidade, podendo ser também uma junção de dois nomes abreviados, ou um anagrama – deveras – indecifrável.

Voltando às informações contidas nas listas dos decifradores dos anos de 1929 e 1931, e observando atentamente o número total de passatempos decifrados, chama a atenção que os componentes, nos dois anos apurados, tenham perfeito o mesmo resultado, e essa constatação vem corroborar, dessa forma, uma nova "suspeita": o *Bloco dos Três* era formado por apenas um membro, ou seja, apenas por Chico Xavier, que se valeu de pseudônimos para participar do *Almanaque* com mais textos e decifrações. Sim, isso é muito possível, considerando o que depreendemos das advertências dirigidas aos charadistas, no que se refere à capacidade das publicações em seu número de páginas – "(...) *Aviso - A falta de publicação de qualquer artigo enviado pode ser devida a uma das seguintes causas: (...) 4ª - Falta de espaço.* – e na edição de 1932, no tocante à organização e operacionalização do conteúdo enviado e recebido:

"**A todos os charadistas**

Avisamos os nossos colaboradores de que todas as composições charadísticas devem vir completamente separadas umas das outras, trazendo cada uma de per si a designação da localidade e o nome ou pseudônimo do seu autor, bem como as respectivas decifrações totais e parciais e a indicação dos números das páginas dos dicionários de onde foram extratadas e onde se poderão conferir. Há charadistas que nos enviam as soluções dos seus trabalhos na carta que nos dirigem, quando as deviam escrever no próprio original. Outros, então, remetem-nos as suas produções de permeio com algumas palavras que nos escrevem, mandando as soluções em separado... Tendo nós uma pasta para cada espécie charadística, elas deverão vir separadas para as colocarmos dentro das pastas respectivas e tomarem a sua devida altura. As que não vierem nestas condições serão inutilizadas, pois não temos tempo para tirar cópias. (...) [Grifos nossos.]

\*

**Nome ou pseudônimo?**

*Todos os anos recebemos vários trabalhos enigmáticos que os autores subscrevem com seus nomes e pseudônimos, colocando-nos numa situação de dúvida, por não sabermos se eles querem as suas composições firmadas com o pseudônimo ou com o nome porque, francamente, publicar um trabalho charadístico com o nome e o pseudônimo, achamos* que é muita coisa junta... Se usa pseudônimo, para que pôr o nome e se prefere o nome para que usa pseudônimo?... Esta observação é extensiva aos decifradores que nos enviam as suas listas nas mesmas condições.

*

**Nomes e moradas**

<u>Pedimos a todos os nossos estimados colaboradores charadísticos o favor de – para seu próprio interesse – nos remeterem conjuntamente com a sua colaboração, os seus nomes e moradas, a fim de lhes escrevermos sempre que disso haja necessidade.</u> A ignorância das direcções de alguns confrades tem motivado a não publicação de muitos trabalhos que, por esquecimento, não trazem as decifrações, outros que têm grandes erros de metrificação, e ainda outros por falta da indicação dos Dicionários onde se possam conferir os seus conceitos. Sempre que tenhamos conhecimento dos nomes e moradas dos seus autores, devolver-lhes-emos os trabalhos que não estejam em ordem, indicando-lhes as faltas em que incorreram. (...)". [Grifo nosso.]

Estaria, portanto, esclarecida a expressão *Bloco dos Três* que ora aparecia arrematando as produções de Chico Xavier nas páginas do *Novo Almanaque de Lembranças Luso-Brasileiro?*

Qual o quê!!! Para nossa surpresa, ao manusear as páginas das edições para verificação dos textos de Chico Xavier para composição desta obra, vimos – **por acaso** –, ao pé da página 195 da edição de 1932, a seguinte inscrição:

"Uberaba, Brasil    *Stela Maris (Do Grupo dos Três)*"

Assim caiu por terra a suposição de que *Nelmar, Eu-Génio* e Chico Xavier eram os integrantes do *Bloco dos Três*, de Pedro Leopoldo, e mesmo que os dois permanecessem incógnitos a questão estaria respondida – ainda que não totalmente.

A aparição de um novo elemento, de outra cidade mineira, que até então não figurara nas listas dos autores e dos decifradores, causou inquietação e assombro, e uma nova busca foi encetada nos exemplares à mão. Descobrimos, assim, que *Stela Maris* era uma mulher – seu nome aparece na lista dos decifradores de 1930 sob número de ordem 121, com 282 decifrações num total de 340, procedente de "Ouro Fino, Minas Gerais", Brasil; aparece também na lista de decifradores de 1931 sob número de ordem 172, com o total de 287 decifrações num total de 320, procedente de "Uberaba, Brasil"; e na lista de "Senhoras" da edição de 1932, participando do *Almanaque* com três produções: à p. 106, com um logogrifo, e nessa página o local indicado é Ouro Fino, Minas Gerais; à p. 195, com uma charada, que dedica "aos mestres do 'Luso'"; e à p. 245, com uma charada do tipo *Novíssima* (que é composta de duas ou mais PEDRAS e de um CONCEITO, enunciados sempre em frase), tendo ao lado de seu nome a expressão *Bloco dos Três* e o local "Uberaba, Brasil".

Avançando na investigação para compreender mais detalhadamente todos esses dados novos acerca dos colaboradores assíduos do *Luso*, como também era conhecido, vislumbramos um sem número de participantes de todos os Estados brasileiros, de norte a sul do país, homens e mulheres, muitos até mesmo de Minas Gerais, das cidades de Belo Horizonte, Bom Despacho, Uberaba, Barbacena, Sete Lagoas, Passos, e muitas outras.

Nessa viagem pelas páginas amarelecidas pelo tempo, nos idos dos primeiros anos da década de 30 do século XX, encontramos produções variadas do *Grupo dos Verdes* e do *Grupo dos Maduros*, de Lourenço Marques, atual Maputo, em Moçambique, do *Bloco do Extremo Norte*, de Manaus, Amazonas, do *Bloco dos Geralistas*, de Sete Lagoas, Minas Gerais, para os quais aventamos, então, a possibilidade de ser esta uma das formas que os editores encontraram para organizar tais colaborações, vindas dos mais diversos pontos de Portugal, do nosso Brasil e da África, especificamente dos países de língua portuguesa, agrupando todos em "blocos" ou "grupos", confirmando a necessidade da observação sistemática das regras de envio dos materiais e sua recepção para que nada saísse do formato proposto.

Uma outra hipótese para a personalidade de *Nelmar*, é ele ser José Cândido Xavier, irmão mais velho de Chico Xavier, seu companheiro de todas as horas, na vida em família e nas tarefas iniciais no Espiritismo. É que José Xavier também era um cultor das letras, músico, autor e ator de teatro, dentre outras expressões artísticas. No livro *Chico Xavier – O primeiro livro* (Vinha de Luz, 2010) à p. 37, há o original na letra dele de um poema intitulado "Rabiscos", datado de 14 de março de 1929. Em nossa pesquisa no livro-álbum *Pedro Leopoldo vista por Chico Xavier – 1910/1959 | 49 anos da presença do maior médium de todos os tempos* (Vinha de Luz, 2011, p. 298), achamos reproduzido o cartaz com a programação do Cine Otoni do dia 24 de maio de 1936, divulgando sete atrações da *Troupe La de Casa*, composta de membros da família Xavier, sendo uma delas uma "farsa", de autoria de José Xavier, intitulada "Choriço", onde ele assina ERVIXÁ – anagrama de XAVIER.

Quem iria imaginar que uma pessoa com tão-somente o terceiro ano primário estaria decifrando mensagens junto a renomados charadistas brasileiros e portugueses, e de outras "gentes peninsulares"? Como bem disse Carlos Baccelli no prefácio desta obra: *"Chico sempre foi e continua sendo... surpreendente!"*.

Fiquemos agora com as produções de Chico Xavier no *Novo Almanaque de Lembranças Luso-Brasileiro*, que desde 2012 vem nos mobilizando para mais esse resgate da memória da vida e da obra do discípulo amado de Jesus, Francisco Cândido Xavier, o Cisco de Deus.

OUTROS DECIFRADORES

| N.º de ordem | N.º de cifrações |
|---|---|
| 148 João Ganem, Lençois, Baja | 318 |
| 149 Alvaro Visira, Lagos, St.ª Catarina | 317 |
| 150 F. de Ataide, Lagos, St.ª Catarina | 316 |
| 151 Rei Móra, Lisboa | 315 |
| 152 João Eusebio de Oliveira, Uberába, Minas | 308 |
| 153 Zeferino, Cais do Pico | 307 |
| 154 Icêpê, (L. E. A.), Manáos, Amazonas | 305 |
| 155 Pio O. Couto Saraiva, S. Paulo, Brasil | 303 |
| 156 Efe, Arieiro, Coimbra | 303 |
| 157 A. Domingues, S. José, St. Catarina, Brasil | 302 |
| 158 Walfredo Vieira, Minas Gerais, Brasil | 300 |
| 159 Kuroki, Uberaba, Minas Gerais | 300 |
| 160 Maria Urbana d'Oliveira Rego, Moncorvo | 298 |
| 161 Grilo, Angra, Açôres | 298 |
| 162 Conde Sabugo, (A. E.), Vila Nova de Gaia | 298 |
| 163 Spinola de Melo, Angra do Hiroismo | 297 |
| 164 Guaraciaba, Acre, Cruzeiro do Sul | 293 |
| 165 Amil, Angra do Heroismo, Açôres | 293 |
| 166 João S. Seabra, S. Paulo, Brasil | 291 |
| 167 M. R. Rosa, Baião, Ancêde | 289 |
| 168 Raul Guanabara, Ilha Grande, Brasil | 289 |
| 169 Scaramouche, (A. C. L. B.), Rio de Janeiro | 288 |
| 170 Hermaga, Lisboa | 288 |
| 171 Granadeiro, (A. C. L. B.) Rio de Janeiro | 288 |
| 172 Stella Maris, Ouro Fino, Minas Gerais, Brasil | 287 |
| 173 Joaquim Antonio Mascarenhas, Saligão, Gôa | 287 |
| 174 Albano da Costa Pina, Pinhel | 286 |
| 175 Gongolo, Lucála, África Ocidental Port. | 285 |
| 176 Ordigues, (T. E. e A. C. L. B.), Lisboa | 284 |
| 177 Gastão Seabra, Casa Branca, S. Paulo, Brasil | 283 |
| 178 Alberto e José, Curitiba, Paraná, Brasil | 275 |
| 179 Ra-Mori, Entroncamento | 274 |
| 180 Ego, (T. E.) Tramagal | 270 |
| 181 Eu-Génio, Xavier e Nelmar, Pedro Leopoldo, Minas, Brasil | 268 |
| 182 Danubio, Corvo, Açôres | 268 |
| 183 Lica Cunha, Manáos, Amazonas | 266 |
| 184 Elysin (Dr.), S. Paulo | 263 |
| 185 M. Mota, Lucala, Angola | 262 |

104

Lista dos decifradores de 1931, constante da edição do
Novo Almanque de Lembranças Luso-Brasileiro de 1932

# ENIGMA

*A Arierepamil*

O Ladislau de Salema
    Avançou para meu lado,
    Entregando-me um problema
Por demais emaranhado.

Era assim neste teor:
Quem tem o que diz primeira
Vive imerso em grande dor,
Numa ancia [1] verdadeira!

Se não procurar ficar
Como diz parte segunda,
Só virá a mergulhar
Numa tristeza profunda.

Da tal dor não é curado;
Jamais viverá contente;
E para seu desagrado
Ficará *convalescente*.

*Pedro Leopoldo, Minas Gerais, Brasil.*

### Francisco Xavier (Do *Bloco dos Três*)

1930 [1]

---

[1] Reproduzido como o original, à p. 295 da edição de 1930. A solução do enigma, de número 251 – MALSÃO = *convalescente* –, pôde ser encontrada à p. 96 da edição de 1931.

# CREPUSCULAR...

Tardinha... Plangem os sinos, cujos sons magoados, e languidos se repetem pelos longínquos descampados!

Hora de sonho, em que o espírito se eleva às amplidões e num voo altíssimo e soberbo, bebe no Infinito, a linfa cristalina e pura do manancial sublime da Poesia!

Reminiscências, doces recordações que nos acodem à alma, despertando-a em sensações febricitantes, amargas ou adocicadas, segundo as imagens que evocamos em nosso cismar profundo!

Ondas vespertinas cruzam os ares, plenos de sons e de perfumes!

Numa fantasmagoria de cores, desaparecem muito ao longe as nuvens douradas pelos derradeiros raios do sol!

Paisagens, quadros magníficos, dignos do pincel de um Rubens, desdobram-se ante os nossos olhos maravilhados e ante a nossa alma em êxtase profundo!

E admiramos este excelso esplendor da tarde, essa poesia deificada que se desprende da alma das coisas, sensibilizando as nossas próprias almas!

Tudo parece que se prende à religiosidade da natureza, tudo trescala ao amor e à beleza!

Hora crepuscular, hora de repouso e de sonho, poesia sublime e eternamente nova!

É nossa hora de grandíloqua beleza, que eu me curvo, genuflexo, para procurar compreender a incomensurável Sabedoria do Criador.

*Pedro Leopoldo, Minas Gerais, Brasil.*

## Francisco Xavier

1931[1]

```
187 Reparado                  228 E, se mais mundo hou-
188 Devasso                       vera, lá chegára
189 Arca                      229 Trigolimpo
190 Cana                      230 Passatempo
191 Nacar                     231 Esfola gato
192 Carme                     232 Curioso
193 Mela                      233 Samora
194 Lava                      234 Andaluzia
195 Vale                      235 Fadario
196 Aspar                     236 Santa Maria Alta
197 Dolorosamente             237 Poeirada
198 Artemagico                238 Reprobo
199 Oscitar                   239 Capote
200 Quareira                  240 Mascara
201 Abel mosca                241 Cornuto
202 Canoniza                  242 Cadimo
203 Bolorento                 243 Felino
204 Abasmar                   244 Fraineza
205 Algo                      245 De tal acha tal racha
206 Cresce o ouro bem ba-     246 Quetilque
    tido coma a mulher        247 Metafisga
    com bom marido            248 Alfamista
207 Contadoria                249 Sapatola
208 Marfado                   250 Malabruto
209 Zarelhado                 251 Malsão
210 Cerdoeira                 252 Francatripa
211 Enfueirada                253 Victimario
212 Batido                    254 Repto
213 Cantata                   255 Resabiado
214 Esteso                    256 Sinuelo
215 Solitario                 257 Anojoso
216 Chalacear                 258 Halitoso
217 Quebra-freio              259 Atropos
218 Passa novas               260 Perambeira
219 Retaliar                  261 Xeque
220 Engazupar                 262 Sustento
221 Moleque                   263 Do nada fez Deus o
222 Estomago                      mundo
223 Amente                    264 Diva — Iva
224 Aguarda                   265 Veronica
225 Cachado                   266 Calamimo
226 Ditoso                    267 Passarola
227 Innupto                   268 Sacrario
96
```

*Solução do enigma nº 251 da p. 295 da edição de 1930*

---

[1] Reproduzido como o original, à p. 20 da edição de 1931.

# CHARADA

> Às distintas charadistas Maria de Sales Fonseca
> e Julieta de Sales

A <mulher> do Gil Vieira – 3
    Que é uma boa jardineira,
    Cultiva, nos seus jardins,
Rosas, cravos e jasmins.
Numa tardinha, o marido,
Um homem envelhecido,
Trouxe-lhe de uma <cidade> – 2
Um presente de verdade.
Era uma planta famosa,
De mais valor do que a rosa;
Assim disse o vendedor
Como sempre explorador.
A mulher, alegremente,
Plantou-a, toda contente,
Mas, depois, um belo dia,
A plantinha aparecia.
Mas, oh Deus! Que decepção!
Pois a planta da questão
Era espécie diferente,
Que lhes valeu tanto custo!
Era outra e infelizmente
*Das verbenáceas*, um *arbusto*.

*Pedro Leopoldo, Minas Gerais, Brasil.*

**Francisco Xavier** (Do *Bloco dos Três*)

1931 [1]

N.º 172     CHARADA

*Ás distintas charadistas Maria de Sales Fonseca e Julieta de Sales*

A «mulher» do Gil Vieira — 3
Que é uma boa jardineira,
Cultiva, nos seus jardins,
Rosas, cravos e jasmins.
Numa tardinha, o marido,
Um homem envelhecido,
Trouxe-lhe de uma «cidade» — 2
Um presente de verdade.
Era uma planta famosa,
De mais valor do que a rosa;
Assim disse o vendedor
Como sempre explorador.
A mulher, alegremente,
Plantou-a, toda contente,
Mas, depois, um belo dia,
A plantinha aparecia.
Mas, oh Deus! que decepção!
Pois a planta da questão
Era especie diferente,
Que lhes valeu tanto custo!
Era outra e infelizmente
*Das verbenaceas, um arbusto.*

Pedro Leopoldo. Minas Geraes. Brasil.

*Francisco Xavier* (Do *Bloco dos Trez*).
205

---

129 Punica-fides
130 Ondaca
131 Suavidade
132 Nobremente
133 Guiomar
134 Zumbido
135 Conta de rosario
136 A união faz a força
137 Az
138 Desbotado
139 Mouriscada
140 Atropos
141 Capitoso
142 Gasguita
143 Precipitoso
144 Mediterraneo
145 Contemptamento
146 A lima lima a lima
147 Cangarilhada
148 Acrescento
149 Vernes
150 Xitente
151 Puxado
152 Esteirada
153 Gato sapato
154 Sapateiro
155 Engrolado
156 Permissão
157 São Miguel
158 Gaiola
159 Mascato
160 Alt' e malo
161 Vi um homem que viu outro homem que viu o mar
162 Rubido
163 Monaquino
164 Dossto
165 Tentelogo
166 Carapanta
167 Espassarotar
168 Claudestino
169 Arrebatamentos

170 Despiciendo
171 Separação
172 Lucia-Lima
173 Meato
174 O seguro morreu de velho
175 Gilbarbeira
176 Alabarda
177 Primacia
178 Quasimodo
179 Alcançado
180 Duvidoso
181 Escarabocho
182 Aquilino
183 Raciocinio
184 Bemaventurado
185 Arca
186 Charamela
187 Babado
188 Estante
189 Aspada
190 Quem faz mal espere outro tal
191 Querida
192 Alinho
193 Limonada
194 Alvoroço
195 Grosseria
196 Barbarolexis
197 Dália
198 Mastigatorio
199 Peragratorio
200 Feliciano
201 Enfroismo
202 A fala foi dada ao homem
203 Aturamento
204 Terrastão
205 Elegiaco
206 Escarmento
207 Sorvedouro
208 Mintano
209 Santa Barbara

96

---

¹ Nota da p. 134: reproduzido tal como aparece no *Almanaque*, à p. 205 da edição de 1931. A solução da charada, de número 172 – LÚCIA-LIMA, "das *verbenáccas, um arbusto*", pôde ser encontrada à p. 96 da edição de 1932.

N.º 292  LOGOGRIFO

Ó vem mimosa flôr, já *esfria* em nosso peito, — 1,3,4,5.
Esta chama voraz que abraza os corações!
Vivamos para o amor, neste Ideal perfeito,
Que trás nosso viver em belas vibrações!

Vivo nesta prisão, eterno insatisfeito,
Deixando então *voar*, em mil divagações, — 5,4,5,6.
Meu pensamento exul, pelo Infinito eleito
A' procura do amor, em lindas sensações!

Ó vem meu *grande* encanto, ó minha doce amada, — 2,3,5,4.
Não deixes esfriar esta chama sagrada
*Constante* em nosso peito, ó doce luz de amar! — 4,3,5,4.

Amemo-nos ó flôr, façamos desta vida,
Uma louca esperança uma visão querida,
E o germen deste amor, façamo-lo *brotar!*

Pedro Leopoldo. Minas. Brasil.　　*Francisco Xavier.*

351

---

275 Demorosa
276 Dopo
277 Pousado
278 Quilolo
279 Esmoliatorio
280 A fé remove montanhas
281 Irmão
282 Caica
283 Empapar
284 Chicarado
285 Magala
286 Valparaiso
287 Nadador
288 Salvo-conduto
289 Estolido
290 Malpecado
291 Cair
292 Grelar
293 Quando um não quer dois não brigam
294 Almagrado
295 Cruz Alta
296 Amarela
297 Mandolina
298 Incoirapato
299 Figurina
300 Valedor
301 Semianime
302 Patavina
303 Bandana
304 Baniana
305 Canta
306 Prata é bom falar, ouro é bom calar.
307 Ruiponto
308 Pedrada
309 Camisão
310 Assado
311 Fedevelha
312 Geringoto
313 Atropos
314 Assombrado
315 Chiado
316 Farrapão
317 Gaia sciencia
318 Tutulo
319 Drofa
320 O homem prudente vale por dois

Os artigos a decifrar no presente volume são 272

# LOGOGRIFO

Ó vem mimosa *flor*, já *esfria* em nosso peito – 1, 3, 4, 5.
Esta chama voraz que abraza os corações!
Vivamos para o amor, neste Ideal perfeito,
Que trás nosso viver em belas vibrações! [1]

Vivo nesta prisão, eterno insatisfeito,
Deixando então *voar*, em mil divagações, – 5, 4, 5, 6.
Meu pensamento exul, pelo Infinito eleito
À procura do amor, em lindas sensações!

Ó vem meu *grande* encanto, ó minha doce amada, – 2, 3, 5, 4.
Não deixes esfriar esta chama sagrada
*Constante* em nosso peito, ó doce luz de amar! – 4, 3, 5, 4.

Amemo-nos ó flor, façamos desta vida,
Uma louca esperança uma visão querida,
E o germe deste amor, façamo-lo *brotar*!

*Pedro Leopoldo, Minas, Brasil.*

**Francisco Xavier** (Do *Bloco dos Três*)

1931 [1]

---

[1] Reproduzido tal como aparece no *Almanaque*, à p. 351 da edição de 1931. A solução do logogrifo, de número 292 – GRELAR = *brotar* –, pôde ser encontrada à p. 98 da edição de 1932.

# CHARADA

Eles eram felizes tão juntinhos,
    Os corações unidos pelo amor.
    Protegia-os a benção do Senhor,
*Rutilante* na luz dos seus caminhos. –3

Todavia, sentiam-se sósinhos
E a solidão lhes era um dissabor,
Mas um filhinho veio. Era uma flor,
Um tesouro de intérminos carinhos.

Então uma dulcíssima alegria,
Feita da paz sublime da harmonia
Reinou na luz do esplendido solar.

E agora, aquela casa, é brando *ninho* –1
Que a ternura inocente de um filhinho
Divinamente veio *abrilhantar*.

*Pedro Leopoldo, Minas, Brasil.*

## Francisco Xavier

1932 [1]

---

[1] Reproduzido tal como aparece no *Almanaque*, à p. 63. Charada decifrada por Arnaldo Sarmento (Arjacasa), do site Charadas & Charadistas. Solução: *rutilante*, com três sílabas: <u>áureo</u>; *ninho*, com uma sílaba = <u>lar</u>; *abrilhantar* =AUREOLAR .

# SONETO

Nos olhos da mulher, a lagrima irisada,
 É uma faixa auroral, em divinal clarão!
 É scentelha de luz, de mística alvorada,
Que lhe faz reflorir o amor no coração!

Ó lagrima de luz, safira eterizada!
Ó belesa sem par, primores da afeição!
Sublimais o viver na luz alcandorada,
Santificando o amor na suma perfeição!

Jamais o homem feraz será como a mulher!
Pois ela exprime o amor – perfeita a mais não ser –
É o luzente fanal do grande verbo amar!

Bendita seja pois a flor do sentimento,
Que é a alma feminil, a luz do pensamento,
Abençoada seja a flor do nosso lar!

*Minas Gerais, Brasil.*

## Francisco Xavier

1932 [1]

---

[1] Reproduzido tal como aparece no *Almanaque*, à p. 146. O soneto é de autoria de Chico Xavier e seu original, na letra do médium, consta do livro *Chico Xavier – O primeiro livro*, organizado por Geraldo Lemos Neto e Sérgio Luiz Ferreira Gonçalves (Vinha de Luz, 2010, p. 60). Comparando os textos, verifica-se que o reproduzido no jornal apresenta algumas diferenças do original sob a guarda da Vinha de Luz Editora, o que corrobora que as adulterações na obra do maior médium de todos os tempos ocorre desde o início da sua tarefa psicográfica.

# CHARADA

À distinta professora D. Ana Alves de Almeida [1]

Seja mau ou seja *santo*, – 2
    Seja belo ou monstruoso,
    Seja riso ou seja pranto,
Tudo ao pó, corre afanoso!

A própria flor e o perfume
Que flutua pelo ar,
Tudo, tudo, o próprio lume
Vem o frio regelar.

*Abrir a terra!* – eis o termo – 2
Da jornada de misterio,
Que se desvenda neste ermo
Que se chama *cemiterio!*

*Pedro Leopoldo. Minas Gerais.*

## Francisco Xavier (Do *Bloco dos Três*)

1932 [2]

---

[1] A grafia correta do nome na dedicatória é Anna Alves de Almeida. Conforme *fac-símile* na letra dela, que integra o livro *Chico Xavier – O primeiro livro* (Vinha de Luz, 2010, p. 29-30), constatamos que Chico Xavier tinha especial carinho por essa professora, de quem ganhou uma bela mensagem em seu caderno de versos em 09/03/1929, caderno esse que originou a obra referenciada. [2] Charada reproduzida tal como aparece no *Almanaque*, à p. 183, com o número 132. Decifrada por Arnaldo Sarmento (Arjacasa), do site Charadas & Charadistas. Solução: *santo*, com duas sílabas = <u>almo</u>; *abrir a terra*, com duas sílabas = <u>cavar</u>; *cemitério* = ALMOCÁVAR.

N.º 132

### CHARADA

*Á distinta professora D. Ana Alves de Almeida*

Seja mau ou seja *santo*, — 2
Seja belo ou monstruoso,
Seja riso ou seja pranto,
Tudo ao pó, corre afanoso!

A propria flor e o perfume
Que flutua pelo ar,
Tudo, tudo, o proprio lume
Vem o frio regelar.

*Abrir a terra!* — eis o termo — 2
Da jornada de misterio,
Que se desvenda neste ermo
Que se chama *cemiterio*!

Pedro Leopoldo. Minas Gerais.

*Francisco Xavier* (Do Bloco dos Tres).

N.º 67

### LOGOGRIFO

*Ao Gondemaga, com simpatia*

Das cordas de um «*instrumento*» — 4,7,6,2.
Nascem as notas sem fim;
Com infinita saudade,
Lá vem murmurando assim : — 5,3,8.

Nesta vida *transitoria* — 3,8,1,7,3.
Só persiste o nosso amor,
Verdadeiro sentimento
Acrisolado na dor.

Deixa que eu beba em teu labio,
Sonora, extranha *cantiga*, — 2,6,7,2.
Que narra a saudosa historia
Da *rosa da Grecia* antiga.

Pedro Leopoldo. Minas.    *Nelmar.*

*Logogrifo de Nelmar, componente do Bloco dos Três, que colaborou na edição do ano de 1932*

# SENHORA DA AMARGURA

Mãe das dores, Senhora da Amargura,
    Eu vos contemplo o peito lacerado
    Pelas maguas do Filho muito amado,
Nas estradas da vida ingrata e dura.

Existe em vosso olhar tanta ternura,
Tanto afecto e amor divinisado,
Que do vosso semblante torturado
Irradia-se a luz formosa e pura;

Luz que ilumina a senda mais trevosa,
Excelsa luz, sublime e esplendorosa
Que clareia e conduz, ampara e guia.

Senhora, vossas lagrimas tão belas,
Assemelham-se a fulgidas estrelas:
Gotas de luz nas trevas da agonia.

*Pedro Leopoldo, Minas.*

## Francisco Xavier

1932 [1]

---

[1] Reproduzido tal como aparece no *Almanaque*, à p. 162. O original do soneto, na letra do médium, consta do livro *Chico Xavier – O primeiro livro*, organizado por Geraldo Lemos Neto e Sérgio Luiz Ferreira Gonçalves (Vinha de Luz, 2010, p. 64). Comparando os textos, verifica-se que o reproduzido no jornal apresenta algumas diferenças do original sob a guarda da Vinha de Luz Editora, o que corrobora que as adulterações na obra do maior médium de todos os tempos ocorre desde o início da sua tarefa psicográfica. Posteriormente, soube-se que o poema é de autoria espiritual de Auta de Souza.

Chico Xavier nos anos 40

# OS PODEROSOS DIÁRIOS ASSOCIADOS E AS DOLOROSAS RECORDAÇÕES DA GUERRA

O *Diário da Noite*, do Rio de Janeiro, lançado em 1929, compunha os Diários Associados, a poderosa rede de jornais de Assis Chateaubriand, junto de *O Jornal* (1924), o *Diário da Noite* (São Paulo – 1925), a revista *O Cruzeiro* (1928) e o *Estado de Minas* (Belo Horizonte,1929), apenas para citar alguns periódicos.

A maior parte das onze matérias que localizamos no *Diário da Noite* está ligada aos dolorosos anos que antecederam a Segunda Guerra Mundial e ao primeiro ano em que o conflito foi estabelecido.

Resgatamos sonetos de Augusto dos Anjos, Antero de Quental e Olavo Bilac, além de mensagens de Nilo Peçanha, Emmanuel e Luiz Antônio de Araújo.

Apesar do tom de gravidade das mensagens e dos quadros sombrios apresentados, os textos deixam claro que o mundo passava por um momento de profunda transformação, que iria promover a evolução da humanidade, e que Jesus haveria de estar sempre no comando de todos os acontecimentos.

# SONETO

Na guerra, em meio à fome, ao pranto e aos lutos,
   O homem é ainda inferior aos seres brutos
   Entre os necrófagos dos vermes.
Imprecações de abismo negro e fundo

E a Humanidade estrábica se apresta
Para os horrores da nefanda festa
Das legiões carnívoras do mundo.
Guerra é a insensatez, guerra é o profundo

Retrocesso de um orbe que se empresta
Clamor da besta humana que protesta
A hediondez do seu plano nauseabundo

Maldita a mão horrífera que assina
As infâmias do sangue e da chacina
Estraçalhando corações inermes.

## Augusto dos Anjos

16 de junho de 1936 [1]

---

[1] O soneto consta do livro *Mensagens de além-túmulo – Série de reportagens históricas sobre Chico Xavier em 1935*, da organização de Luciano Klein Filho, Marcus V. Monteiro e Rogério Silva (USE/Madras, 2003, p. 137), com o título "Guerra". Reproduzido *ipsis verbis*.

# CELESTE JEREMIAS

Como outrora nas grandes agonias,
   Jesus fitando os pecadores,
   Chora como o Celeste Jeremias
Sobre a Jerusalém de tantas dores.

Triste é a visão do mundo de amargores
Cheio de estradas ermas e sombrias
Onde se expande em surtos inferiores
A civilização dos vossos dias.

Agora e eternamente como antanho
O Divino Pastor zela o rebanho
Lamentando as ovelhas desgarradas.

Jesus afasta a Treva, a Dor e o Crime,
Salvando com seu pranto almo e sublime
Os corações que tombam nas estradas.

## Antero de Quental

16 de junho de 1936 [1]

---

[1] O soneto consta do livro *Mensagens de além-túmulo – Série de reportagens históricas sobre Chico Xavier em 1935*, da organização de Luciano Klein Filho, Marcus V. Monteiro e Rogério Silva (USE/Madras, 2003, p. 138). Reproduzido *ipsis verbis*.

# MENSAGEM

❝Meu bondoso e caro filho:

Que o Divino Mestre derrame em teu coração a paz e a resignação devida aos desígnios do Altíssimo. Não me conheces e é natural que assim seja. Afeiçoei-me a ti e tenho-te por um irmão muito amado. O nosso principal contato foi no Templo de Ismael, onde espíritos sábios e benevolentes, sob a égide do Senhor, espalham as bênçãos da Misericórdia Divina. Sou colaborador de Romualdo, nas suas grandes e nobilíssimas tarefas espirituais. Humilde obreiro, pois, na Seara Divina, na atualidade, outrora enveredei pelo caminho do sacerdócio católico, aí na Terra. Servindo, porém, a uma corporação religiosa desvirtuada em seus princípios e deturpada em suas bases, fui obrigado, depois de ter pertencido à Igreja Romana por mais de quarenta anos, a modificar os meus pontos de vista na interpretação do Evangelho.

Ao Senhor amei de alma e coração e, graças à Sua bondade infinita, os mensageiros abriram-me os olhos para as mais excelsas luzes espirituais. Foi mesmo na grande cidade onde tens vivido os teus últimos anos que exerci as minhas funções eclesiásticas, pelejando por alcançar uma perfeição que a Terra não me podia dar e que a minha crença sobremaneira dificultou.

No princípio deste século, regressei à Pátria dos Espíritos e é com suma alegria que me encontro sempre ao teu lado, como junto de outros irmãos, aos quais me é grato prestar o meu humilde concurso.

Mais de setenta anos vivi na Terra e, assim, é natural que compreenda todas as dores que vassalam os corações. Digo, pois, que a Fé, é um remédio bastante eficaz para desviar os homens das tentações inúmeras que o compelem frequentemente a prevaricar, olvidando os seus grandes e preciosos deveres.

A ti estendo aqui mais uma vez a minha mão de amigo. Não te esqueças do nosso templo santo e querido, onde Celina distribui as bênçãos sacrossantas da Virgem.

A tua ex-companheira que amarguras, está recuperando as forças, sob as vistas de amigos devotados, que buscariam suavizar os seus derradeiros tormentos.

Muita serenidade, portanto, para enfrentar os teus combates morais. Não olvides que te segue toda uma legião de amigos intangíveis, que, reconhecendo os nobres impulsos de tua alma, procuram beneficiar-te com os tesouros de sua espiritualidade. Deus te proteja."

## Luiz Antônio de Araújo

24 de junho de 1936 [1]

---

[1] A mensagem foi veiculada também em *Reformador* de fevereiro de 1978. Consta do livro *Cartas do Alto*, de Chico Xavier, por espíritos diversos, da minha organização (Vinha de Luz, 2017, p. 177), com o título "Carta a um filho espiritual". Comparando os textos, verifica-se que o reproduzido no jornal apresenta algumas diferenças. Conforme nota explicativa nossa no referido livro, "Consta do original que 'a mensagem transcrita foi dada espontaneamente ao médium Francisco Cândido Xavier, em Pedro Leopoldo (MG), durante uma sessão de preces, no dia 19/11/1934. Era destinada ao confrade Francisco Guigot, que se achava presente. 'Por via oral' – escreveu o seu destinatário –, 'informou-me esse bondoso amigo ter sido vigário em São Cristóvão, aqui no Rio de Janeiro, e que desencarnara em 1902. Foram esses dados que, facilitando-me [sic] as investigações, me permitiram chegar à identidade do espírito que se me comunicara, reconhecendo (...) ter sido o cônego Luiz Antônio Escobar de Araújo'. A Rua Escobar, a uma quadra do Departamento Editorial da FEB, lhe perpetua o nome no bairro em que laborou durante mais de quarenta anos. A edição de 01/01/1935 de 'Reformador' publicou interessantes considerações sobre a vida do estimado e virtuoso sacerdote'".

# DIANTE DA IMPRENSA

Diante da Imprensa, cujo objetivo sagrado é esclarecer o espírito coletivo, sinto-me à vontade, não obstante as minhas condições de invisibilidade, para trazer algo de minhas experiências, um laivo da minha palavra, no propósito de unir a minha voz à de todos aqueles que, no plano de suas atividades, objetivam um Brasil grande e forte.

Se é verdade que na qualidade de políticos, possuímos igualmente os nossos erros, na esfera da administração não é lícito que neles persistamos, considerando felicidade até, a possibilidade que se nos depara a fim de repararmos as nossas falhas antigas.

O Brasil não pode ser estranho à atualidade do mundo.

Viveis uma época em que se nos afigura ter tocado aos seus apogeus a moderna civilização. A Europa, que guarda a presunção de trazer consigo o cetro da cultura e do progresso do mundo, vê-se atualmente no limiar dos grandes arrasamentos.

Os estadistas tremem ao anunciarem qualquer sentença com respeito ao equilíbrio internacional. Os sociólogos são incapazes de eliminar o conflito estabelecido entre as coletividades humanas, perdidas na maré de ideologias ocas, sem se lembrarem de que toda a situação de confusionismo no planeta é um derivativo lógico da crise espiritual que domina todos os povos. Grandes responsabilidades acerca de semelhante situação cabem àqueles que deturpam o Cristianismo em suas bases puras. A Igreja, que era a depositária legitima do patrimônio espiritual da Humanidade e que deveria constituir o baluarte da evolução de todos os povos da Terra e principal mantenedora das ciências morais, está hoje reduzida à condição de organização política e destinada a cair como obra humana.

O Cristianismo, que veio trazer uma fase nova de progresso ao homem, tem sido, em virtude dos interesses mesquinhos dos maus religiosos, incapaz de representar o guia dos homens para o plano da paz e da concórdia, anelado em todos os tempos.

Não se julgue que a situação internacional se circunscreve a um problema cuja solução será encontrada nos gabinetes diplomáticos. As nações estão cheias de armas. Nunca o armamentismo tomou um incremento tão sério como nos últimos anos 'post-bellum'.

A bacteriologia e a eletricidade estão aí a serviço do extermínio e da destruição. A publicação do último livro do general Ludendorf acerca dos quadros monstruosos da guerra total não pode enganar os menos avisados de entendimento. A Itália expansionista, na sua ânsia de conquistar, é um exemplo vivo do estado anárquico dos pactos e dos institutos pró-paz universal. Jamais as alianças dos povos foram tão vilipendiadas como agora. Antigamente tínhamos a considerar e a estudar a posição histórica de cada nacionalidade. Todavia, a época atual rasgou todos os dispositivos do direito e da ordem. A Etiópia tem a sua profunda significação histórica no concerto dos povos, entretanto, nenhuma nação se viu condenada à destruição por métodos tão desumanos. A palavra do Negus na Liga das Nações representa, de fato, a voz do direito vilipendiado diante da pilhagem do século. Entretanto, todos aqueles que o ouviram, nada mais puderam fazer que o retraimento do silêncio. Infelizmente perpassa no mundo um sopro maligno, objetivando o arrasamento de tudo que está feito.

É para esse ambiente que o Brasil, pela ação dos seus representantes mais dignos, necessita volver os olhos.

Destinado a uma finalidade sagrada, como pátria generosa do Evangelho, é necessário que as suas atividades façam jus a essa esperança de quantos que, do além túmulo, procuram reerguer a sociedade humana.

É necessário que a política administrativa prossiga no propósito da ordem e da construção precisa, a fim de que as possibilidades econômicas do país possam beneficiar a todos os seus filhos. A atividade requer dos nossos governantes uma visão mais clara de todos os problemas que interessam a nacionalidade.

Já é tempo de se extinguir o partido, o cabo eleitoral, a organização exclusivista para que as atenções se voltem para as soluções objetivas das questões que nos assoberbam. O pagamento da dívida externa deveria ser interrompido temporariamente, para cuidarmos com mais carinho de nossas economias, que se perdem a míngua de zelo das administrações. E, sobretudo, que se pondere na desnecessidade das regalias políticas e dos direitos públicos. As coletividades brasileiras precisam mais do livro, da higiene e da assistência, que do direito ao voto, não nos cansamos de vos repetir. E, sobretudo, que a ordem seja mantida a fim de se evitar o descalabro das explorações de ordem estrangeira. Regimes extremistas, no estado atual de nossa evolução político-social, não representam nenhuma salvação para o país. Na Terra Brasileira não poderão medrar nem o fascismo de Mussolini nem o comunismo pretensioso de Moscou. Todos os que pensam e desejam cooperar no edifício de nosso progresso, deveriam cerrar fileiras para a defesa das linhas democráticas do nosso sistema de governo, únicas bases que podem nos oferecer, no momento, a evolução necessária, dentro dos códigos da paz.

Observava Montesquieu, na sua obra sobre 'A Grandeza dos Romanos e a Sua Decadência' que, quando notarmos um povo tranquilo dentro da República, é o indício de que aí existe pouca liberdade. Todavia, semelhante observação reside justamente no conceito de ordem ou de liberdade bem compreendida e bem aproveitada. Fornecer excessivas liberdades a um povo que não pode entendê-las é prodigalizar elementos de sua própria destruição.

Que os políticos dos nossos bastidores administrativos saibam e possam compreender as nossas advertências, cooperando com os seus sacrifícios e com os seus labores pela execução de um programa que apenas objetive o interesse do povo e da Nação.

Que se preservem as nossas economias do assalto e da pilhagem e que se guarde o caráter simples e bom do nosso povo das infiltrações perniciosas de ideologias políticas, tão nefastas na esfera de sua influenciação.

E que Deus, na Sua bondade, auxilie a todos nós, encarnados e desencarnados, a fim de constatarmos, no futuro, a realidade luminosa dos nossos esforços e dos ideais edificando no Brasil a radiosa pátria do Evangelho de amanhã.

## Nilo Peçanha

7 de julho de 1936 [1]

---

[1] Segundo registrado no original do jornal, a mensagem foi recebida em Pedro Leopoldo, sem referência de data. Reproduzido *ipsis verbis*.

# CAMINHAM PARA O ESGOTAMENTO E PARA A MORTE

Irmãos, que a paz de Jesus transborde de vossos corações, inundando-vos o mundo íntimo de esperança, na Sua infinita misericórdia.

Poderia dizer-vos uma palavra a cada, saindo do terreno da generalidade, para o terreno particular, mais suave e mais doce. Todavia, prefiro falar-vos desse modo, como se fosseis irmãos em família, a quem a minha experiência de mais velho viesse trazer a palavra afetuosa e amiga.

Saúdo-vos a vós, meus amigos, que viestes de longe, deslumbrados com as perspectivas suaves e deslumbrantes que a Doutrina consoladora dos Espíritos vos descortina ao coração. Seduzidos pelas claridades dos portais de além túmulo, tendes o coração cheio de esperança. Desejaríeis intensificar essa luz, fazendo-a desabrochar no vosso próprio íntimo, enchendo-lhe os refolhos. Mas, em verdade, nem sempre poderemos fornecer-lhe tudo.

Trabalhar orando, guardando o patrimônio sagrado da esperança e da crença no coração. Aí na Terra, todas as atividades materiais em si mesmas, caminham para o esgotamento e para a morte. A vida, em sua essência maravilhosa, não reside em toda a sua transcendência nos complexos celulares, através dos quais, investigais o fenômeno. Simples orbe de provações e de lutas expiatórias, o caminho terrestre está recamado de espinhos e urzes. Os homens, lutadores dessas estradas ásperas, retiram-se um dia da batalha, cheios de úlceras e cicatrizes. E venturosos todos que puderam conservar acima de tudo o seu patrimônio espiritual, a caminho das gloriosas aquisições da vida do Infinito.

## DIFUSÃO DA CRENÇA

A nossa função primordial, em voltando ao cenário de vossas lutas, cifra-se tão somente, na difusão da crença, restaurando os princípios imortais do Cristianismo, em sua pureza primitiva, que as igrejas inumaram na falência religiosa, sob uma aluvião de escombros morais. O nosso papel é o de renovar o pensamento religioso dos tempos modernos, porquanto, sem talvez o compreenderdes, reformaremos a base de todos os conhecimentos que constituem os vossos quadros evolutivos, reconhecendo-se a verdade imutável de que a religião é quase tudo. Dela dependem a própria filosofia e a própria ciência. Sem a sua contribuição sagrada nas consciências fora inútil organizar-se um plano de ordem e de harmonia, no mundo de todas as relações. Ora, a religião chegou na vossa civilização, ao que constatais. Bastou que o Cristianismo alcançasse o amparo do Estado para que as idéias mais puras se contaminassem das concepções humanas, desvirtuando-se todos os seus sagrados princípios, transformados em armas de opressão e de doutrinalismo político.

## COMPLICADA A SITUAÇÃO

Os séculos de experiência e de trabalho decorridos depois dos gloriosos tempos apostólicos, apenas conseguiram complicar a situação criando castas sacerdotais e desgraças absurdas, gelando para as almas o ambiente dos templos considerados cristãos. As igrejas comprometeram a posição exclusiva do homem espiritual que não conseguiu acompanhar os surtos do progresso do homem material. Entre a mentalidade de um e do outro medeia largo abismo e quando a demagogia céptica do século precedente organizou os primórdios desta época de transições em que viveis, somente o Espiritismo pôde trazer, em face do dogma científico, a palavra consoladora da fé, trazendo ao homem terrestre um conforto e uma esperança. Depois da noite revolucionária do pensamento negativista, brotava nos horizontes do conhecimento uma nova luz. Os 'mortos' voltavam à Terra para afirmar aos vivos do mundo a sua luminosa sobrevivência. As idéias religiosas estavam salvas da grande hecatombe. Na arena das lutas entre vibrações antagônicas xxxtavam [1] os dois contendores. De um lado era o absurdo afirmativo da religião, do outro o absurdo negativo da Ciência.

**VOZES DO TÚMULO**

Mas as vozes do túmulo trouxeram uma renovação do pensamento. Multiplicaram-se os centros de estudo e no campo experimental da investigação, verificou-se então uma nova semeadura. O Espiritismo permanece há mais de meio século e nestes anos tem contribuído, eficazmente, para a renovação de todas as concepções das criaturas humanas, nos setores diversos de suas atividades. De cá também multiplicaram-se os nossos núcleos de trabalho. Existem as falanges de desencarnados, todas dentro do mais alto espírito de ordem e de hierarquia espiritual, as quais cuidam dos problemas fenomênicos, outras que preferem o labor do raciocínio e do sentimento. Filiamo-nos a esta última escola por considerar que nenhuma renovação será estável se não se firmar desde o princípio no mundo interior. Todas as questões que inquietam as coletividades modernas requerem tão somente, para serem devidamente solucionadas, a melhoria espiritual do homem. Às conquistas da estratosfera e da vida submarina, é necessário aliar a conquista de si mesmo, sem o que tudo continuará em perigosas ilusões, intoxicando todas as almas. O nosso labor é este. Sua finalidade, a educação pura e simples, visando o aprimoramento de cada, na paisagem transitória da Terra. Necessitais compreender aí no mundo o caráter transitório das atividades que vos retém no planeta, de modo a conseguirdes entender melhor os dois

---

[1] Escrito assim mesmo, conforme o original.

infinitos: do espaço e do tempo. Porque a verdade é que todos os homens são detentores de um direito de breve hospedagem sobre a face da Terra.

## ELIMINAÇÃO DO EGOÍSMO

Simples usufrutuário dos bens terrestres, é preciso eliminar-se todas as concepções do egoísmo profundo que estabelece a separatividade no mundo, sobre o qual poderíeis gozar de relativa paz, no mais útil dos aprendizados.

Não sei, meus amigos, se vos trouxe o que mais desejáveis. Dentro das vossas aspirações preferireis a palavra particular de um ente caro que a morte esconde no seu reino de luz e de verdade, em cujos horizontes largos somente vislumbrais a sombra que vos obscurece os olhos, mas consola-me o saber que vos trouxe o mais necessário. No momento, não me é possível realizar mais em vosso proveito. Que Deus vos abençoe o coração auxiliando-vos na luta de cada dia. Na oficina do estudo, podereis colher muito. Devotai-vos ao labor de vosso próprio aperfeiçoamento, nesse campo infinito de nobres indagações. Plantai nas terras férteis as sementes de vossa esperança. Esperai o concurso do tempo e vereis que a semeadura em breve estará florescente. E um dia, cheio de certezas imutáveis, a morte vos levará também para a sombra das árvores que plantastes. Elas estarão, desse modo, floridas no céu de todos os vossos sonhos e das mais nobres aspirações que vos povoam a alma, e podereis então descansar, convictos de que o fruto melhor e o mais saboroso da vida é o que cai fartamente da fronte espiritual.

Emmanuel

8 de março de 1938 [1]

---

[1] Segundo registrado no original do jornal, a mensagem foi recebida na residência de Rômulo Joviano em Pedro Leopoldo, sem referência de data. Reproduzido *ipsis verbis*.

# MENSAGEM DE EMMANUEL

O homem físico, distanciado da personalidade transcendente do homem espiritual, é hoje a causa de todos os desequilíbrios e de todas as anomalias.

Nada valeram as conquistas do progresso material para quem se habituou tão somente aos brinquedos da infância.

É por isso que, vivendo uma época de transições terríveis, que mal podeis avaliar, nas condições de vida econômica e de liberdade da América, a civilização do Ocidente caminha, a passos gigantescos, para a ruína e para a morte. Contemplando a humilhação de todos os tesouros da personalidade humana, dentro da época que corre, sentis, mais fortemente, o surto das perversoras doutrinas da violência, no ambiente internacional.

O chamado regime da confiança desapareceu de todas as frentes. A política reduz-se a fenômenos da própria guerra em perspectiva, nos bastidores diplomáticos, e desabaladamente, dirigem-se os tempos novos para o desfiladeiro fatal.

**IGREJAS INTERESSEIRAS**

Ante as igrejas, cuja defecção espiritual favoreceu todos os desastres da imprevidência, ante as igrejas frias, dizemos nós, que falam de um reino do céu, buscando defender todos os seus interesses inferiores na Terra, é lícito esperar-se das religiões de artificialismo a redenção social necessária?

Perante os problemas profundos da atualidade, invocais instintivamente as forças benfeitoras do Alto, esperando a Providência Divina. Alguns de vós outros podereis permanecer nesta casa, crendo-se animados tão somente pelo espírito de investigação ou de curiosidade simples, que vos conduza aos postos de novas expressões de conhecimento, mas essa atitude mental é a atitude dolorosa de quem deseja enganar a si mesmo. O homem do momento não é um perverso em matéria de fé, mas um desesperado num mar revolto de impenitências. Os velhos mantos das seitas religiosas, em suas feições dogmáticas e literárias, estão rotos. Estais desarvorados, pressentindo uma profunda noite.

Conheço-vos e sei de vossa angústia, embora estejais desejosos de procurar o desencanto e a indiferença. Tais sintomas são os mesmos em toda parte. Em todos os lugares do mundo, generalizadamente, há uma infância desamparada pelos pais que se encontram ansiosos e descrentes, e uma juventude inerte e impiedosa, concentrada nos símbolos de força material para a glorificação das carnificinas pelas hegemonias do mais poderoso e mais forte.

É nesse ambiente doloroso que vozes do túmulo se abrem para as vossas dores e para todas as misérias do mundo, que são as nossas próprias.

Entretanto, é no microcosmo sagrado do Tiberíades que existe o fermento de toda a civilização estável e duradoura, sem as aventuras tenebrosas da rapinagem e da guerra.

9 de agosto de 1939 [1]

---

[1] Segundo registrado no original do jornal, a mensagem foi recebida na Associação dos Empregados do Comércio, em Belo Horizonte, MG, sem referência de data. Reproduzido *ipsis verbis*.

# SONETO

O homem na Terra, mísero e precito,
   No máximo de dor de que há memória,
   Vai penetrar a noite merencória,
Do seu caminho desvairado e aflito.

No mundo, em toda parte, ouve-se o grito
Da mentira em seus dias de vitória!
Ostentação, miséria, falsa glória
Afrontando as verdades do Infinito!

Mas ao coro sinistro das batalhas
Hão de cair as rígidas muralhas
Que guardam a ilusão do mundo velho!

E após a dor, a treva e a derrocada,
O homem renascerá para a alvorada
Da luz divina e eterna do Evangelho!

### Olavo Bilac

9 de agosto de 1939 [1]

---

[1] O soneto foi publicado também em *Reformador* de novembro de 1939. Consta do livro *Palavras sublimes*, de Chico Xavier, por espíritos diversos, da minha organização (Vinha de Luz, 2014, p. 114). Segundo registrado no original do jornal, a mensagem foi recebida na Associação dos Empregados do Comércio, em Belo Horizonte, MG, sem referência de data. Reproduzido *ipsis verbis*.

# A GUERRA E O MUNDO DOS ESPÍRITOS

Aqui, na Terra do Cruzeiro, reina ainda a paz. Todavia, lá fora, no Velho Continente que presume guardar a direção de todos os progressos, é o movimento tumultuário das armas homicidas, semeando a morte, a miséria e a desolação.

As elevadas expressões evolutivas da ciência materialista do mundo somente nos agravaram a situação espiritual, contribuindo para que nos despenhássemos no abismo. O progresso material edilizou [1] o túmulo de nossas miseráveis grandezas do ambiente terrestre.

Todos nós os desencarnados e vós outros os que permaneceis nas expressões da luta material, estamos igualmente em guerra, mas numa guerra santificada, porquanto o inimigo a vencer reside dentro de nós mesmos. Sabemos hoje que as teorias políticas, os exércitos apressados de salvação externa não resolvem os problemas complexos da existência terrestre, porque os sicários de nossa ruína se movimentam convosco, em todas as expressões de luta pela vida. Urge cristianizarmo-nos.

---

[1] Escrito assim mesmo, conforme o original.

Costumais homenagear no mundo a evolução dos códigos políticos e as realizações de ordem cultural e científica, entretanto a vossa alma experimenta um frio doloroso em se tratando da fé. Endossais a fé raciocinada, mas vos habituastes a esquecer que o raciocínio mais apurado pode perder-se no caminho, quando lhe falta a iluminação evangélica.

Daqui, do Santuário de Ismael, onde os Guias amorosos do Brasil buscam conduzir espiritualmente todas as atividades doutrinárias da Terra do Cruzeiro, elevo o pensamento humilde ao Senhor, rogando-lhe forças e luz para a nossa missão divina.

## Emmanuel

23 de setembro de 1939 [1]

---

[1] De acordo com o original da mensagem no *Diário da Noite*, em texto que a antecede, teria ela doze laudas, mas somente alguns trechos foram resgatados pelo jornal. Reproduzido *ipsis verbis*. A mensagem foi publicada também em *Reformador* de outubro de 1939, com o título "A tarefa que nos compete realizar" e consta do livro *Palavras sublimes*, de Chico Xavier, por espíritos diversos, da minha organização (Vinha de Luz, 2014, p. 109-113).

# – OS MAIS SOMBRIOS VATICÍNIOS –
# MARCHA PARA A RUÍNA E PARA A MORTE SEPARADAS PELO SIMBOLISMO DAS BANDEIRAS

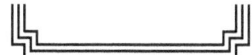

Meus irmãos, que Jesus vos conceda de sua paz, o melhor tesouro da vida.

Depois de vossas palavras, após as vossas considerações, em torno do evento que resume as alegrias da presente reunião e em torno da grandiosa missão doutrinária do Espiritismo no ambiente contemporâneo, considero dispensável a minha palavra humilde e singela. Mas não desejo furtar-me, igualmente, ao júbilo espiritual de voz trazer o meu amplexo fraterno, com os meus sinceros votos de paz, de ânimo e de coragem, repetindo as expressões de um dos nossos amigos presentes.

A missão dos trabalhadores do Evangelho, na atualidade, é árdua, trabalhosa. Com razão, asseverou um dos nossos irmãos que a bandeira espírita-cristã, revivendo os ensinamentos do santuário de Tiberíades, parece desdobrar-se em pleno deserto, à maneira da palavra profunda do Precursor, também homenageado pelos vossos corações nesta noite.

Sim, meus irmãos, o labor é espinhoso, a tarefa é quase superior às nossas forças, mas dentro da tempestade temos a bússola do Mestre Divino, na Sua misericórdia infinita, conduzindo-nos ao porto da redenção.

Muito tem falado os ambientes intoxicados da cultura contemporânea, da Ciência do mundo, abusando de seus postulados.

Entretanto, uma só necessidade caracteriza a época dolorosa que viveis, e que é tão somente a necessidade de evangelização do homem, de modo que o Espírito imortal possa desferir o seu vôo luminoso para as mais altas regiões da virtude e do conhecimento. Época de cienticismo e de tecnocracia, o homem tem se esquecido d'Aquele que é a Luz de seus corações e a misericórdia de seus caminhos. Glorificou a Humanidade a razão, esquecendo-se que a razão humana é preciosa, que a lógica do raciocínio científico é imprescindível no quadro dos valores do progresso espiritual, olvidando, todavia, que a razão humana é falível e precaríssima quando não esclarecida pelos valores da fé. Esquecem-se as criaturas de que a intuição divina precede todas as realizações evolutivas e desse olvido decorrem os escabrosos desfiladeiros que cercam, no momento que passa, os postulados de vossa sociologia. Muito edificou a razão humana, e, no entanto, as multidões glorificam a força e a agressividade, criando errôneos conceitos de evolução biológica. As nações, embora o patrimônio extraordinário de seu progresso material, apesar do acervo imenso de suas comodidades para a civilização, marcham para a ruína e para a morte, separadas pelo simbolismo das bandeiras que organizaram todas as fronteiras que estimulam a guerra, incentivando a ambição e a impiedade.

O quadro, amigos, é bem este: por toda a parte os mais sombrios vaticínios pesam sobre a fronte dos povos, torturando as almas e os sentimentos generosos. Mas, além de tudo isso, além do mar encapelado das provações individuais e coletivas, ouve-se um cântico de sublime esperança.

O Mestre não quer que se perca uma só de suas ovelhinhas e, enquanto sentis em torno de vossos esforços a secura aparente do deserto, o Pastor sabe de vossos sacrifícios e de vossas lágrimas remissoras. É Ele, Jardineiro Divino de todos os corações, quem preside as atividades da semeadura para exultar conosco no dia luminoso da seara.

Trabalhemos, meus irmãos, projetando a luz nova, do íntimo de nossos corações. Clarifiquemos o caminho. O Espiritismo é a claridade. Procuremos brilhar no coração para que o Senhor do Mundo, repousando a Sua divina esperança no esforço sacrossanto de Seus enviados, possa estabelecer sobre a Terra a nova era de paz, de fraternidade e de redenção.

## Emmanuel

27 de setembro de 1939 [1]

---

[1] Segundo registrado no original do jornal, a mensagem foi recebida na União Espírita Mineira, em Belo Horizonte, MG, sem referência de data. Reproduzido *ipsis verbis*.

# O ARRASAMENTO DAS ORGANIZAÇÕES SECULARES DA EUROPA

## FRUTOS DO TEMPO

A atual situação do continente europeu não representa senão o coroamento de uma larga obra de incompreensão e de insinceridade.

O caminho escuro da guerra é a estrada inevitável para a solução de seus problemas, porquanto, condenada pelo amontoado de débitos, clamorosos e com as responsabilidades agravadas, a Europa reconhece que somente a guerra pode destruir as estratificações multi-seculares de seus preconceitos e de idiossincrasias que impedem a visão espiritual de seus povos, atualmente submersos nas mais dolorosas provações coletivas.

O seu grande organismo, na ânsia de hegemonia, procura, em vão, o necessário equilíbrio na diversidade de suas correntes políticas e sociais, perdidas num nacionalismo mesquinho ou num desmesurado universalismo que conduzem as nações européias, aos debates antagônicos e destruidores das ideologias extremistas, essência de 'guerra total' aguardada pelos povos da atualidade do mundo.

Aliás, somos obrigados a reconhecer que os movimentos reformadores deste século começaram no orbe, desde os seus primórdios.

E que os povos do Ocidente devem agora aferir os seus valores morais em face do patrimônio evangélico de que têm sido depositários, há quase dois milênios, resgatando simultaneamente, seus débitos penosos, em amargas provações coletivas.

No momento em que grafo estas palavras, o mundo inteiro acompanha, numa ansiosa expectativa, a nova agressão aos povos mais fracos.

Debalde se organizaram tratados de proteção e de assistência mútua, em vão confiaram os pequenos países nas promessas das grandes potências. As vitórias da doutrina da força surgem com todas as surpresas dos fatos inesperados, assombrando a inteligência culta do mundo mas, em face do liberalismo apaixonado e da sinceridade ardente da opinião americana, somos obrigados a evocar os erros dos aliados, no armistício de 1918, açambarcando todas as possibilidades econômicas de outros povos.

O Velho Mundo divide-se hoje em seis grandes potências que necessitam, acima de tudo, de equilibrar seus próprios interesses. O duelo do direito e da força nunca esteve tão acirrado.

## ÉPOCA DE TRANSIÇÕES

Há alguém que espreita o campo da luta, aguardando o sinal de alarme, para invadir a residência dos contendores rasgando todos os acordos dos gabinetes. Esse alguém é a revolução sociológica inevitável, na preparação dos alicerces de um Mundo Novo.

Quem poderá prever as conseqüências do arrombamento desses diques formidáveis que compreendem as modernas organizações estatais e quem estará disposto a determinar o extravasamento do rio de sangue na Europa?

Porque importa considerar que os valores espirituais do Ocidente, aí representadas pelas igrejas chamadas cristãs não preparam, de nenhum modo, a alma coletiva dos povos para esses fenômenos de renovação.

Em vez da educação das massas, as instituições religiosas, com algumas exceções, não fizeram senão açular-lhes os instintos ferozes, tão singularmente manifestados nessa época de transições amargas e rudes.

## O REGIME DA FORÇA E DOS NEGÓCIOS

Novos tratados se sucedem às velhas alianças, oferecendo-se garantias novas. Mas quem poderá estabelecer um compromisso formal e sagrado com a epilepsia do poder?

Há países que continuarão exigindo sempre, até que um novo choque se verifique diretamente, entre as grandes potências, determinando o arrasamento das organizações seculares da Europa.

Há países que já têm os princípios da força e da violência como doutrinas formadas, para a comunidade internacional, competindo à América o aproveitamento da lição, pois é possível que esses princípios tenebrosos tentem subjugá-la, igualmente, antes de soar a hora apocalíptica. A Europa até que se verifique semelhante transição, viverá a sua angustiosa situação de devedor necessitada de elementos precisos ao resgate. Seus problemas são os mais complexos, examinando-se as suas causas no Plano Espiritual.

A Europa está cheia de ............ [1] da indústria bélica e de mercadores de consciência e poder-se-ia julgar com acerto, na América, sobre a atitude contemporizadora de certos países europeus, quando só se pode ajuizar de um processo, após o conhecimento pleno de suas peças mais íntimas? A Europa da atualidade é um organismo político que não encontrou o seu equilíbrio próprio, porque todos os seus povos são agora chamados a uma conferência de valores e todos eles têm as suas culpas isoladas, ante o tribunal da justiça divina. A guerra é inevitável no seio, onde tanta vez foi acalentada a víbora do despotismo e da ambição. É impossível desviar-se de sua fronte a avalanche de amarguras.

**GUERRA INEVITÁVEL**

A voz suave do Cristo chega até nós afirmando que a justiça perfeita ainda não é a da Terra e que somente no Alto o seu império guarda os mais legítimos fundamentos.

Em síntese, a guerra é inevitável no organismo europeu e somente ainda não estalou, porque, junto dos grandes programas de rearmamento ou de conquistas, que exigem a aquisição de transatlânticos e de aviões de alta potência, existem coletividades numerosas e infelizes que estão reclamando um pedaço de pão. O Velho Mundo tem de solucionar seus problemas seculares, acompanhados de grandes expiações coletivas, sendo importante que a América reco-

---
[1] Expressão e/ou palavra ininteligíveis devido ao estado precário do original.

nheça a sua missão nos surtos evolutivos do porvir, prescindindo de qualquer imitação de suas doutrinas e preparando-se para qualquer eventualidade, no sentido de defender os seus princípios de justiça, de paz e de lealdade. Os triunfos à base da força são novos troféus de sangue que se terão de resgatar, com as lágrimas de seus responsáveis. O mundo não pertence aos rufos de tambores deste ou daquele e nem às hegemonias econômicas de terceiros.

A direção do mundo pertence ao Cristo e só os Seus fundamentos eternos de Verdade e de Amor, de Luz e de Paz, prevalecerão para a Humanidade futura.

## Emmanuel

18 de novembro de 1939 [2]

---

[2] Segundo registrado no original do jornal, a mensagem foi recebida em 20 de setembro de 1928, em Pedro Leopoldo, sem local específico. Reproduzido *ipsis verbis*.

# A ERA NOVA - O PROBLEMA DO PLANETA É O DO CORAÇÃO

Amigos, Deus voz conceda a paz de espírito, que é o bem mais precioso da vida.

Venho trazer-vos as minhas boas vindas, com os meus votos a Deus pela vossa iluminação a caminho do Infinito.

Nosso jardim é humilde e singelo. É bem verdade que estamos distanciados dos grandes valores acadêmicos que o mundo entronizou sobre as cátedras, por vozes frias e dogmáticas dos vossos tempos renovadores. Entretanto, estamos reconstruindo o coração, nas claridades do Evangelho e vos convidamos a essa fonte de água pura. O nosso banquete é simples. As substâncias mais prestigiosas são as mesmas idéias que nos foram trazidas há dois mil anos. Sim, porque há vinte séculos, o Cristo espera por nós. Na vida humana, os nossos espíritos costumam desesperar pelos obstáculos de um dia, contudo basta um olhar para a misericórdia de Jesus, que parece clamar por nós da cruz de nossos erros, a que condenamos, todos os dias, as suas idéias redentoras; bastará um minuto de meditação para que reconheçamos as nossas necessidades imperiosas de edificação.

O mundo está cheio de teorias salvacionistas. Por toda parte, hão surgido bandeirolas ao vento. Novas concepções doutrinárias ensandecem o cérebro dos sociólogos. Os políticos se movimentaram nos gabinetes diplomáticos, os financistas renovaram o sistema das trocas, os filósofos envergaram novas túnicas transcendentes. Nestes últimos anos, não tendes visto outra coisa, senão salvadores inquietos e apressados que, desejavam redimir o mundo, esquecendo-se de si mesmos. Porque, em verdade, todo o problema do planeta é o do coração, que foi olvidado por quase todos, com o seu divino potencial de renovações definitivas. Observais que todas as ideologias caem agora, apressadamente, reduzidas à condição de meros castelos de palavras. E a dura realidade deste século é que o homem físico, elevado às culminâncias de uma ciência sem consciência, prepara o arrasamento e a destruição, como se a coletividade inteira fosse dominada por um estranho surto de violência. É por essa razão que a fera tem o seu covil, mas o homem da civilização não encontra uma pedra onde repousar a fronte dilacerada. O movimento de destruição requisita todas as forças. Estais construindo, em cada dia, novos pavores que possam substituir os fantasmas da véspera. O primeiro ato de um homem, pela manhã, é procurar as notícias mais dolorosas, povoando o coração de imagens perturbadoras e escabrosas. Ninguém se encontra satisfeito, se não se encontra em estado de alarma. Todo esse turbilhão de forças antagonistas, que se entrechocam fragorosamente em vosso próprio espírito, indiciam que a Terra terá de despertar o sentimento milenariamente empedernido para uma era nova.

A guerra com o seu cortejo de imagens sinistras é o resultado lógico da indiferença dos cristãos infiéis. E nessas lutas desoladoras empenham-se os fantasmas que a mentalidade coletiva criou para si mesma. Porquanto, no fundo de todos esses movimentos que assolam o planeta não encontrareis senão esse homem físico distanciado do homem espiritual, utilizando todas as conquistas da evolução humana como um brinquedo nefasto em mãos de crianças inconscientes.

As batalhas do momento que passa representam o combate do planeta. Cada homem lhe sente os efeitos em seu mundo interno. Aproveiteis, amigos, a vossa hora. O tempo é uma riqueza preciosa. A Terra tem sede de amor e de simplicidade. Amai e tornai-vos simples. Assim regenerareis o coração com as suas forças profundas. O orbe inteiro sai agora das faixas da infância para experimentar uma época nova. Preparai-vos, pois, com Jesus Cristo, para o futuro milênio, porque a vida não desaparece e a alma é imortal.

## Emmanuel

11 de julho de 1940 [1]

---

[1] Segundo registrado no original do jornal, a mensagem foi recebida em Pedro Leopoldo, sem local específico. Reproduzido *ipsis verbis*.

*Mão de Chico Xavier nos anos 40*

# Correio
# da Manhã

# ATRAVESSANDO AS DÉCADAS DE MÃOS DADAS COM O ESPIRITISMO

Se já louvamos a iniciativa da imprensa leiga de oferecer espaços generosos e regulares para a divulgação da Doutrina Espírita, o que dizer então do *Correio da Manhã* que, tendo sido um dos mais importantes periódicos cariocas do século XX, divulgou o Espiritismo do seu primeiro ao último ano. Esse jornal fez oposição a quase todos os presidentes da República, foi fechado muitas vezes, e seus dirigentes foram presos. Por suas páginas, passaram Lima Barreto, Ledo Ivo e Carlos Drummond de Andrade, apenas para citar alguns nomes. Circulou na cidade do Rio de Janeiro de 1901 a 1974, quando foi fechado pela última vez, por ser identificado como um feroz opositor ao golpe militar de 1964.

Sua ligação com o Espiritismo atravessou muitas décadas. Efetivamente, com toda a tecnologia digital de que dispomos hoje, é possível resgatar informações fundamentais dessa história, que também é de cada um dos espíritas. A partir daí, descobre-se uma dívida secular do Espiritismo com o *Correio da Manhã*, que talvez ninguém saiba. Já a partir do seu segundo dia de circulação, a palavra "Espiritismo" apareceu grafada em sua primeira página e somente até o ano de 1909 houve mais de duas centenas de outras ocorrências.

Ainda no ano de 1917, aparece pela primeira vez a "Chronica Espírita", onde deixaram as suas pegadas luminosas Frederico Figner, Manuel Quintão, Cairbar Schutel, Inácio Bittencourt, Vianna de Carvalho, o Marechal Ewerton Quadros, entre outros. Desde o início da coluna, Figner foi o seu colaborador mais regular. Sua primeira matéria foi em 16 de setembro de 1917. A partir do ano seguinte, apesar de ter caído doente com a Gripe Espanhola, tornou-se titular da coluna, onde permaneceu por longos trinta anos. No caso de Figner, pode-se dizer, sem qualquer exagero, que ele trabalhou até o final da vida, pois a sua última matéria na coluna foi no dia 19 de janeiro de 1947, data da sua desencarnação.

Incansável trabalhador e divulgador da Doutrina Espírita, Figner não desejou descansar por muito tempo do outro lado da vida. Já em 1949, a Federação Espírita Brasileira publicou o livro Voltei, em que ele se identificou como Irmão Jacob, principalmente em função do processo judicial movido pela família de Humberto de Campos, que se arrastou por anos. Nessa obra, ele narrou as suas experiências no além-túmulo e o seu reencontro com familiares e amigos. Mas essa já é uma outra história...

As mensagens inéditas psicografadas por Chico Xavier que localizamos no *Correio da Manhã* versam sobre a guerra, a missão do Brasil e a importância do Evangelho.

## FRED FIGNER

Em 1918, os navios chegavam ao Porto do Rio de Janeiro com passageiros e tripulantes infeccionados com a Gripe Espanhola. Como estes saltavam livremente na cidade, sem qualquer vigilância, o Rio de Janeiro ficou rapidamente contaminado com essa terrível doença. A todo momento via-se alguém tombar subitamente no meio da rua, vítima da Gripe.

Raras eram as famílias cariocas que não tinham pelo menos um de seus membros contaminados por esta terrível epidemia. A situação piorou ainda mais quando os estabelecimentos comerciais, principalmente as farmácias, começaram a fechar. E, além da Gripe, os cariocas passaram a conviver com a fome. A certa altura, um jornal carioca informou que já havia na cidade cerca de 12 mil casos fatais e cerca de 600 mil infectados com a "simples gripe", conforme dogmatizara a medicina oficial.

Em meio a essa situação desesperadora, um estrangeiro – israelita, nascido na Boêmia em 1866 – levou 14 doentes para dentro de sua própria casa, sem medir as consequências que poderiam causar o convívio com irmãos infeccionados com a Gripe, que tantas vidas já tinha levado. Mas esse caso impressionante não se encerra por aqui não. Esse irmão acabou ficando adoentado, em consequência da Gripe Espanhola e, como se fosse de ferro mesmo, esse admirável seareiro passava dias inteiros na Federação Espírita Brasileira, atendendo a doentes e necessitados, sem se importar com a sua própria saúde. Tanta bondade e solidariedade fez com que esse irmão, Frederico Figner, viesse a ter uma vida longa e iluminada, desencarnando aos 81 anos de idade, decorrente de um ataque de angina pectoris.

Proprietário da Casa Edison, no Rio de Janeiro, e da Odeon, em São Paulo, fez fortuna rapidamente, mas não deixou jamais que os bens materiais o impedissem de ver e de amparar os pobres e necessitados que lhe cruzavam o caminho. Foi o pioneiro do disco, do fonógrafo e das máquinas de escrever no Brasil. Instalou no Rio de Janeiro a primeira oficina de gravação de discos.

Conforme escreveu *A Noite Ilustrada*, Fred Figner acabou *"tornando-se um dos grandes incentivadores da música popular brasileira, uma vez que seu gênero de negócios não era outro senão o de comercial com gravações de discos, instrumentos, músicas, e mais tarde, rádios e modernas eletrolas"*.

O jornal *A Noite* dá mais informações: *"Representando, há uns bons quarenta anos as máquinas falantes americanas, através da sua Casa Edison, lembrou-se, também, de gravar discos de música brasileira. É bem verdade que ele comprava as músicas por uma ninharia, pagava outra ninharia aos executantes, mas o consumo de discos era ainda muito pequeno e o custo de produção muito alto. Mas Fred Figner, provando que não era um simples mercenário, devolveu mais tarde aos seus autores, os direitos de muitas músicas que adquirira nos bons tempos".*

Abraçou a nossa Pátria como se fosse a sua e tornou-se um brasileiro de fato, naturalizando-se e casando-se com uma mulher de nosso país.

Sua dedicação ao Espiritismo era tão impressionante quanto à sua dedicação aos seus "fregueses" – a maneira como ele chamava os necessitados que atendia. Há um relato de que ele visitou diariamente uma enferma durante dois meses até que ela se restabelecesse.

Na Federação Espírita Brasileira, por sua vez, Figner despachava de 150 a 200 receitas por dia e distribuía passes. Foi Tesoureiro e Vice-Presidente da Federação Espírita Brasileira, Membro do Conselho Fiscal, Tesoureiro da Comissão Pró-Livro Espírita. Além disso, presidia vários grupos na FEB e em sua própria casa e tinha uma coluna espírita no *Correio da Manhã*, que valiosa contribuição prestou da divulgação da Doutrina Espírita. Possuía sólidos conhecimentos doutrinários e era um ardoroso defensor das obras de Kardec e Roustaing. Foi casado com D. Esther de Freitas Reys, com quem teve 6 filhos.

Na ocasião de sua desencarnação, a *Revista Internacional de Espiritismo* escreveu: *"A sua bolsa estava sempre aberta para atender os necessitados, pois a moeda que estava em sua mão não era sua, era de quem mais precisasse".*

O *Reformador*, por sua vez, escreveu palavras impressionantes: *"Foi o espírita mais perfeito que já existiu no Brasil"*.

Além disso reforçou: *"Figner possuía todas as grandes virtudes cristãs que mais enobrecem as almas privilegiadas por alto grau de progresso e tinha ainda o espírito prático do homem moderno que sabe reunir meios materiais para ajudar em grande escala a divulgação das ideias e os necessitados. Esse conjunto raro de capacidades espirituais, intelectuais, sociais e materiais fez dele realmente um espírito modelar, dentro da vida social, em pleno século vinte"*.

Quando de seu regresso à pátria espiritual, muitas histórias sobre ele foram contadas.

*A Noite Ilustrada*, que dedicou duas páginas a Fred Figner, escreveu que ele levantava às 5 da manhã e, antes de ir à loja, passava na Federação Espírita Brasileira *"de onde só saía quando terminava esse serviço de tomar ditados de receitas"*. E elas eram muitas: entre 150 e 200 por dia. Às quatro horas da tarde, retornava à Federação para as orações e para os passes. Segundo a mesma fonte, Fred Figner consumia vultosas rendas em obras de beneficência.

O título dessa matéria de *A Noite Ilustrada* era: "O Mais Brasileiro De Todos Os Estrangeiros". Ela dizia ainda que Fred Figner era o *"cidadão dos mil amigos, protetor dos necessitados, o camarada dos camaradas"*.

Já o *Correio da Manhã*, onde Fred Figner teve uma coluna sobre Espiritismo durante muitos anos, contou uma interessante estória, ocorrida quando ele sofreu um duro golpe – o falecimento de sua filha de 21 anos: *"Desde então a vida como que se havia findado para esse grande batalhador. Certa vez, um amigo lhe disse que a sua filha aparecera numa sessão espírita de Belém do Pará, materializada em uma médium chamada Ana Prado. Dominado pela informação, Figner embarcou em companhia da esposa para aquela cidade, onde* conseguiu comunicar-se segundo o seu próprio testemunho com a filha. Para os incréus, exibia uns moldes de mãos e braços em gesso, tirados na ocasião da materialização e que guardava no seu palacete na Rua Marquês de Abrantes".

Uma das mais incríveis estórias de Fred Figner, no entanto, é a do seu casamento, conforme contado por Viriato Corrêa e publicado no livro "*Grandes Espíritas do Brasil*", de Zêus Wantuil. Chega a ser engraçada, e imagina-se se essa estória é realmente verdadeira.

Ei-la aqui: *"A história do seu casamento, que ele próprio me contou, é realmente curiosa. Em certo sábado, desesperado com a desordem em que vivia, resolveu casar-se. Mas, aqui no Rio, só conhecia uma moça. Havia de ser com ela! Mas, dela, sabia apenas que morava em Niterói. O bairro, a rua, o número da casa, o próprio nome da moça, não sabia. No dia seguinte, domingo, tocou-se para Niterói. Andou a cidade inteira esperando pelo acaso. Só à tarde o acaso chegou: passando por uma rua viu a moça à janela. Pediu licença para entrar e, lá dentro, fez o pedido de casamento. Um mês depois estava casado, com a senhora que foi a sua companheira querida de longos anos e mãe de seus filhos."*

Como desencarnado, tomou o pseudônimo de Irmão Jacob, enviando-nos o belíssimo livro intitulado *Voltei*, psicografado pelo médium Francisco Cândido Xavier (FEB, 1949).[1]

---

[1] Matéria de nossa autoria publicada no *Jornal Espírita*, da Federação Espírita do Estado de São Paulo (FEESP), em julho de 2000, com o título "Solidariedade na gripe".

# MENSAGEM DE EMMANUEL

{...) A seguir, publico umas comunicações recebidas pelo médium Chico Xavier do seu guia Emmanuel, em resposta às perguntas feitas por um grupo de estudiosos.

Como poderemos admitir um corpo espiritual, além do corpo físico?

"Somente o corpo espiritual, isto é, a ação do Perispírito, pode explicar os fenômenos orgânicos que representam grandes enigmas para a vossa ciência. As teorias dos estudiosos da fisiologia não vos elucidam quanto às questões embriogênicas, quanto à reconstituição molecular e inúmeros problemas outros que atestam a ação de uma força inteligente que dirige e orienta os elementos protoplásmicos.

Segundo um dos mais eminentes fisiologistas do mundo, o ser vivente provém de uma célula primitiva análoga, o óvulo inicial, que constitui a base dos elementos celulares em proliferação; contudo, todos esses fenômenos estão subordinados ao corpo espiritual que preexiste ao nascimento e que compila os princípios materiais ao seu molde. Só ele regula as funções do organismo, mantendo a ordem nos seus mais remotos escaninhos, fazendo com que os órgãos, autônomos em suas funções especializadas, se mantenham solidários para a regulamentação inteligente dos mais infinitésimos fenômenos da existência material. *Emmanuel*"

A vida de Jesus não seria uma repetição lendária de outras histórias, semelhantes à sua?

"Enganam-se os que consideram a vida de Jesus como a repetição sistematizada de velhas tradições exaradas nos documentos da antiguidade, com respeito à genealogia das múltiplas religiões conhecidas, especialmente as orientalistas. Confúcio, Hermes, Pitágoras, os grandes iniciados das épocas afastadas da história contemporânea, foram no mundo embaixadores do seu amor, aonde vinham trazer a palavra de sabedoria d'Ele que é, foi e será o Verbo do Princípio de que fala o Evangelista nas suas páginas fulgurantes.

Só a mensagem de Jesus era espírito e verdade, fora de todo o dogma e de todas as restrições de seitas poderá salvar o mundo, fazendo desabrochar nos horizontes uma nova era de paz para as dores e lutas humanas. *Emmanuel*"

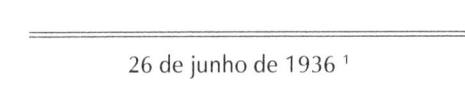

26 de junho de 1936 [1]

---

[1] Essa mensagem, publicada sem título, está inserida na matéria "Livro condenado", publicada naquela data por Fred Figner. Reproduzido *ipsis verbis*.

# O EVANGELHO E A ATUALIDADE

Todos os espíritos que se debruçam sobre o caos das sociedades modernas, estudando a psicologia dos fenômenos político-sociais que impressionam a alma coletiva dos povos, terão de buscar no Evangelho as soluções precisas para esses complicados problemas.

Sem a influência do verdadeiro Cristianismo, nenhuma questão será resolvida satisfatoriamente.

Aventam-se todas as espécies de místicas políticas para a segurança das nacionalidades.

O nacional-socialismo de Adolf Hitler chega a idealizar, na atualidade, um cristianismo integralmente germanizado. Segundo as teorias expendidas por uma das autoridades da imprensa hitlerista, Jesus teria sido descendente de uma das famílias de raça nórdico-germânica, emigradas em tempos remotos para a Palestina, demonstrando-se, como esse, muitos outros absurdos da política do racismo.

O comunismo russo, que se oculta na capa brilhante das sublimes teorias da fraternidade humana, é uma outra formula disfarçada de tirânicas autocracias. O Komintern ou Internacional Comunista que abrange mais de cinquenta partidos, espalhados em todas as nações do orbe, obedece apenas à vontade pessoalíssima de Stalin; trabalhando as forças da França, desde alguns anos, conseguiu infiltrar-se nessa grande nação da latinidade e eis que a sua atuação recrudesce em todo o organismo político europeu.

Para oferecer-lhe resistência, criou-se a mística nacionalista que não representa o programa ideal para a direção das coletividades.

Doutrina anti-fraterna e antiliberal, o fascismo não poderá resolver o problema do equilíbrio do mundo, representando uma nova modalidade do poder absolutista.

E o planeta terá de viver entre as forças antagônicas de todos os extremismos, até compreender as leis de Cristo, adaptando-se a elas todos os estatutos dos governos.

Os sociólogos que estudam devidamente o assunto, bem reconhecem que a paz do mundo não se fará, isolando povos, selecionando raças ou, muito menos, incentivando indústria de guerra; eles bem sabem que as angústias da sociedade têm suas origens nos desequilíbrios econômicos, que requerem um sistema administrativo apto a estabelecer a harmonia das classes entre si. Todos os povos da atualidade sonham com essa mística política que virá inaugurar a solução do problema do necessário. Dessa ânsia de equilíbrio nascem as experiências penosas que os países executam atualmente.

O mundo nunca produziu tanto e com tamanha facilidade, como agora, em virtude da revolução industrial com o advento de todas as novidades da máquina e nunca, como no último decênio, houve tanta miséria, tanta pobreza de trabalho e tanta fome.

As estatísticas vos fornecem dados interessantes nessa singular situação. Enquanto existem cerca de 30 milhões de homens sem trabalho, em todo o planeta, o mundo inutilizou, nos três últimos anos, uma quantidade de produção que daria para manter confortavelmente quase 35 milhões de criaturas humanas. Daí se infere a ausência de equilíbrio das coletividades, a instabilidade de tudo, perante esses absurdos políticos das administrações.

Obedecendo a dispositivos injustos da balança do comércio internacional e a determinações da odiosa doutrina do isolamento, numerosos países condenam à destruição grande percentagem dos seus produtos. Queima-se o trigo, quando milhares de criaturas morrem de fome; inutiliza-se a matéria prima, enquanto um número indeterminável de homens se encontra à míngua de um trapo acolhedor. Os ricos da parábola se fartam à sua mesa e os lázaros do símbolo evangélico pedem uma migalha de pão. A atualidade necessita de um sistema de governo que regule a distribuição do necessário, à base do Evangelho de Jesus, sem o que, permanecerá inalterável a situação, saturada de dores e dificuldades em que viveis. Quanto mais o homem se distancia do Evangelho, que é o organismo de leis ideais para as coletividades, mais terá de sofrer as temíveis conseqüências desses desvios.

Que os homens cuidem de restabelecer os princípios cristãos na face do mundo e estará totalmente debelada a crise que vos assoberba, em todos os setores de vossas atividades. Princípios cristãos no mundo interior, nos atos, no lar, na família, nas relações sociais, nas cidades, nos países, em toda parte e em todas as situações.

Desse movimento conjunto de todas as forças, há de nascer a era nova.

Não vos esqueçais.

É no Evangelho que repousa toda a base das místicas políticas do futuro.

## Emmanuel

27 de outubro de 1936 [1]

---

[1] Segundo consta do original, a mensagem foi recebida em 26 de agosto de 1936. Reproduzido *ipsis verbis*.

# O BRASIL E A ATUALIDADE DO MUNDO

Não são poucos os que estranham a nossa atitude de desencarnados, explanando assuntos de natureza política para o mundo.

Muitos querem supor que guardamos as mesmas idiossincrasias, os mesmos sentimentos de regionalismo, incoerentes com os princípios de fraternidade humana; todavia, andam errados todos os espíritos que, dessa maneira, ponderam os nossos pensamentos póstumos.

Não podemos, de fato, colaborar na apologia dos movimentos de separatividade entre os homens e o nosso dever primordial é, justamente, o de coordenar todas as energias, concatenar todos os elementos, ao nosso dispor, para que se inaugure no planeta os novos movimentos coletivos de solidariedade humana.

Não ignoramos tudo isso, mas bem sabemos, igualmente, que não se destrói, em um dia, a obra de muitos séculos.

Através das leis profundas da afinidade, criaram-se, na Terra, as tribos, as famílias, os agrupamentos e as nações, observando-se que cada núcleo das atividades humanas se caracteriza por determinados princípios e ideais diversificados.

Ninguém se encontra no mundo por acaso. O lar não é um fenômeno esporádico e eventual no planeta. Dentro das leis grandiosas do progresso universal, as eventualidades não existem. O mecanismo da vida é dirigido pelas mãos do mais poderoso e do mais inteligente dos artífices.

Bem se vê, portanto, que, como as individualidades, as pátrias têm suas tarefas definidas, no plano inteligente da evolução universal; e fora ridículo tentar extinguir-se, em uma hora, as edificações milenárias como as conquistas, os princípios e os sentimentos raciais que irmanam os povos, em blocos unidos pelos mesmos pensamentos, querendo revestir, de um momento para outro, milhões de criaturas, com novas atividades sentimentais, contrariando os estatutos da natureza.

Não estabelecemos, portanto, teses separativistas e anti-fraternas e nem queremos contrariar os princípios basilares de todo o progresso das almas que reside no "Amai-vos uns aos outros" de Jesus Cristo. A nossa palavra objetiva somente organizar, conservar o que é útil, evitando-se as surpresas amargas que o porvir possa reservar aos homens, companheiros nossos, através das estradas infinitas e divinas da eternidade.

Falando, pois, ao Brasil, sob o ponto de vista político, sem fazer de minhas palavras apenas uma exortação evangélica, não temos a pretensão de aconselhar aos brasileiros que vivam a sua existência coletiva, como seres privilegiados no centro do universo. Se não nos prendemos a um discurso de acentuado caráter religioso, preferindo teses tão mundanas, como poderá parecer aos menos avisados de entendimento, é que reconhecemos o estado atual de confusionismo no mundo, recordando a esses espíritos, jovens de raciocínio, que, se Jesus permitiu a inclusão das palavras suas do Sermão da Montanha, no seu Evangelho, não impediu que os apóstolos aí conservassem os símbolos mais fortes de sua ação, indicando a necessidade de sermos decisivos e enérgicos nas nossas realizações. Não queremos, pois, estabelecer princípios menos dignos, perante as profundas leis de solidariedade espiritual que nos regem; apenas falamos com isenção de ânimo, como marinheiros experimentados que conhecem as nuvens tempestuosas.

Os nossos homens de governo necessitam abandonar, por algum tempo, os seus interesses pessoais, fazendo alguma coisa pela construção de nossa economia malbaratada.

Infelizmente, todas as nações do mundo caminham para a mais absoluta autarquia, na doutrina absurda do "bastar-se a si mesmo". Semelhantes doutrinas representam, de fato, o último reduto de quantos pugnaram, até hoje, pelo estado de desigualdade econômica, imperante no mundo inteiro. Essas doutrinas da força, em matéria de política administrativa, são sinônimos de transição e decadência e, na época atual, constituem, irrecusavelmente, a preparação dos grandes movimentos bélicos que se aproximam no orbe.

A fraternidade no porvir não poderá ser um mito. A solidariedade das criaturas há de ser um fenômeno constatável, em todos os núcleos de atividade humana, mas... até lá, muitas serão as lutas e as hecatombes a serem atravessadas.

No concerto desses preparativos que todos os povos do mundo levam a efeito, através dos sistemas autárquicos de governo, é necessário que o Brasil não se desinteresse de sua posição, a fim de evitar surpresas desagradáveis no porvir. O problema a ser atacado por todos, pela ação conjunta de todas as classes é o da economia nacional, mantedora das populações do país, nos momentos difíceis e dolorosos.

A situação do mundo, apesar de reconhecermos que o planeta não se acha à revelia da misericórdia de Deus, é bem mais grave. Os sociólogos e os economistas, por mais que se esforcem, não poderão pintar o quadro com as cores reais com que se nos apresenta.

Cuide-se, imediatamente, dos nossos problemas vitais, nos setores de nossas atividades econômicas. Que se procure intensificar os nossos meios de produção, com melhores aparelhamentos agrícolas e industriais. Os nossos vales, cheios de todas as possibilidades produtivas esperam a atenção dos governantes do país. Toda a zona do São Francisco pode produzir elementos que dariam para alimentar as populações brasileiras por muitos séculos. A questão é encarar-se o problema da fertilização das terras, através da distribuição adequada das águas. O trigo que onera a balança da nossa importação em tantos contos poderá ser produzido, nas zonas do sul, em grande escala, bastando para isso, o corpo de técnicos desinteressados que chefiassem, com zelo e dedicação à causa pública, os postos experimentais, necessários à consecução desse grandioso projeto. O Brasil vive resgatando as mais penosas obrigações, perante os capitais estrangeiros, sucumbindo de miséria, sob o peso de suas próprias grandezas e, se a crise econômica que afligiu o mundo inteiro, em 1929, foi de tão desastrosas conseqüências, aproxima-se uma época de maiores desequilíbrios no comércio internacional, determinando um modo de vida mais difícil para todos os países que não se prepararem convenientemente, através da organização de suas possibilidades econômicas. Se muitos produtos têm sido inutilizados para que se mantenha a política do isolamento, em todo o mundo, todas as nações arregimentam os seus poderes próprios para se absterem de toda importação em futuro próximo. Os mercados brasileiros, no exterior, muito breve serão prejudicados. Todos os consumidores de artigos do país procuram produzir elementos que os habilitem a evitar a nossa exportação. A Europa inteira cuida, no momento, de restringir o intercâmbio comercial. A Rússia concentra as suas atenções nos celeiros abundantes da Ucrânia, a Alemanha vem tentando a substituição do algodão pela fibra de celulose, preparando para bastar-se a si mesma, em matéria de todos os produtos que lhe são necessários, a Itália pretende estabelecer na África, grandes zonas de café, de algodão e de frutas, a França, há muito, vem fortificando a sua economia, estudando as possibilidades de suas possessões africanas, dentro dos mesmos objetivos, a Inglaterra já extrai de suas colônias a borracha, o café e até a castanha do Pará, o Japão estuda todos os elementos ao seu alcance para se libertar da necessidade de comprar e, muito breve, o Brasil conhecerá mais de perto os efeitos da crise econômica, determinada pela odiosa doutrina do isolamento das nações.

Precisamos, portanto, levantar as nossas possibilidades, em matéria de economia. O Brasil tem sido escravo do petróleo, do trigo e das máquinas. Os mais pesados tributos caem sobre a tarefa de brasileiros empreendedores, em virtude do atraso de nossas leis financeiras. O mecanismo das nossas finanças se ressente de falhas comprometedoras e as grandes iniciativas particulares, pela nossa evolução econômica, são quase inexeqüíveis. Que se reforme tudo isso e que o Brasil possa aproveitar o celeiro imenso das suas energias. Abram-se perspectivas aos capitais estrangeiros e aos braços estrangeiros. Somente nas questões de siderurgia, o Brasil possui uma reserva de ferro que constitui quase um quarto de todas as possibilidades do globo terrestre. Que as leis tributárias e agrárias sejam reformadas em benefício de todos. Preconizando semelhantes medidas, desmentimos o asserto de que nos propusemos a estabelecer regionalismos e separatividade. O que pedimos é a melhoria de todos e a possibilidade material para que o maior número de indivíduos possa viver com tranqüilidade e paz, sob os céus do Cruzeiro. Pátria do Evangelho de Jesus, o Brasil não pode circunscrever os seus vôos a idiossincrasias raciais, guardando ódios a esse ou aquele elemento das coletividades humanas. Que se estabeleça em nossa terra um "standard" de fraternidade, junto do "standard" de vida fácil. Tenhamos em mente que os grandes tempos da fraternidade humana se aproximam, de fato, apesar da boca fumegante dos poderosos canhões da atualidade. Levantemos os problemas de nossa economia para resolvê-los satisfatoriamente e estejamos de consciência livre para rechaçar as ideologias ocas de qualquer extremismo que pretendem organizar a vida nacional.

Qualquer extremismo é sinônimo de desorganização que deveremos evitar com todas as nossas energias espirituais.

O mundo inteiro vive a sua fase de inquietação. Durante muitos decênios a situação será essa, de inquietude e de aflição. Que o Brasil esteja preparado para enfrentar a tormenta e que os homens do governo tenham bastante coragem moral para não se corromperem com a visão das libras esterlinas, dos francos e dos dólares das grandes companhias do estrangeiro. Que o sentimento de humanidade seja mais forte em seus corações, a fim de não mercadejarem o voto de suas consciências.

O Brasil pode viver sem o sacrifício dos seus filhos, no concerto dos povos; pode ser o celeiro da humanidade; pode ser a terra da fraternidade e do evangelho de Cristo e é para esse desideratum que a nossa palavra se faz ouvir. Que Deus, na sua bondade infinita, envolva a todos nós, no manto de sua infinita misericórdia.

## Torres Homem

7 de março de 1937 [1]

---

[1] Segundo consta do original, a mensagem foi recebida em 6 de janeiro de 1937. Reproduzido *ipsis verbis*.

# EM FAVOR DO BRASIL

*Incluímos a matéria completa, devido ao interesse que o texto nos traz.*

Houve no tempo do Império um homem que pelo jornal criticava a maneira de se conduzir as finanças públicas. Esse homem, que por sinal era de cor, chamava-se Salles Torres Homem.

Tendo o imperador lido essas críticas, chamou-o um dia à sua presença e disse lhe: vou nomear você ministro das finanças; acho que você tem razão.

O resultado foi que dentro de um ano o Sr. Torres Homem pôs em ordem as finanças do Império. Como recompensa, ao deixar o Ministério, recebeu o título de visconde de Inhomirim.

Este mesmo homem, que ao que parece continua a ser brasileiro no mundo espiritual, aproveitando a mediunidade de Francisco Cândido Xavier, enviou aos governantes do nosso país a mensagem que se segue, e para ela chama a atenção do Exmo. Sr. Getúlio Vargas:

"Amigos. – Dirigindo-me aos vossos corações esclarecidos, de cidadãos do mundo, pelos sentimentos da fraternidade mais pura, é-me grato falar-vos uma palavra, breve, com respeito ao Brasil e os seus elevados destinos no concerto dos povos. Quem contempla o descaso dos nossos homens públicos pelo patrimônio imenso das economias nacionais, por certo há de alimentar o desgosto, em verificando esse delírio demagógico que inflama os homens palavrosos de nossa política administrativa, autora de tratados, de octólogos, de documentos, como se o país fosse um grande ajuntamento de regições [1] feudalistas, sob o império do caudilhismo dominador. O problema é um só. País essencialmente agrícola, como temos repetido tantas vezes, urge a reforma de nossas leis agrárias e, sobretudo, que se opere um largo movimento de associação entre as classes, entre o capital e o trabalho, beneficiando as populações brasileiras. O estado atual do mundo moderno, complicando-se todos os fenômenos da balança do comércio internacional, tendente a estabelecer a mais rigorosa autarquia em todas as nações do globo terrestre, é um sintoma das lutas que se aproximam, no imenso organismo da civilização em crise, na qual desenvolveis as vossas atividades individuais. Não é em vão que temos afirmado a nosso fé no Brasil, como pátria da fraternidade e do Evangelho. Todas as nações do mundo tiveram a sua hora histórica no relógio infinito que marca os grandes instantes da evolução da Humanidade. O Egito teve o seu momento na direção do mundo. A Grécia e a Roma da Antiguidade tiveram, cada qual, no momento oportuno, a sua hora de significação expressiva no concerto dos povos. A França enunciou os princípios liberais com a Declaração dos Direitos do Homem. A Península Ibérica teve o seu momento deslumbrante de glória e de ouro dominando os tesouros econômicos do continente americano. A Inglaterra vive hoje a sua situação de maior Império do mundo, conduzindo a sua cultura a muitos povos. Futuramente, porém, o relógio da evolução no planeta assinalará a hora do Brasil como pátria do amor fraterno e dos princípios cristãos.

Não queremos dizer com isso que estejamos abraçando ideologias extremistas no conceito internacionalista, mas, re-

---

[1] Reproduzido como no original, *ipsis verbis*.

conhecendo no futuro a grandeza espiritual da missão da Terra que foi nossa. Todo o desenvolvimento de sua geografia política tem se verificado sem sangue.

Os fatos mais fundamente históricos de nossa evolução coletiva foram assinalados pela serenidade absoluta em confronto com os profundos abalos sociológicos que se verificaram nos fatos políticos dos outros países. Os brasileiros são visceralmente pacifistas e nossas palavras póstumas objetivam acordar os homens públicos dos bastidores da administração, a fim de que se interessem com mais valor pela organização de nossa economia malbaratada pela sede de dominismo de políticos inescrupulosos que se julgam o centro de gravitação de todos os interesses nacionais. Que se organizem as nossas possibilidades para que o país enfrente dignamente as situações mais difíceis, no terreno econômico. Os brasileiros, nossos irmãos, pelos mais santos laços de solidariedade fraterna, não fazem questão de muitas liberdades públicas. Antes do direito de voto é necessário que se julgue o direito de posse a uma consciência esclarecida para exercê-lo sabiamente.

Nossas populações precisam, pois, mais do livro, do pão, da higiene, a fim de que deixem de constituir os zeros econômicos no computo de nossas possibilidades. Que se aproximem todas as classes num movimento largo de cooperação para que se integre a mentalidade do país no conhecimento dos seus grandiosos deveres dentro do mundo. Voltemos nossos olhos para a Europa, atormentada pelos mais graves problemas, em virtude da sua nefasta política de isolamento e congreguemos esforços para que a Terra Brasileira produza o suficiente para alimentar e vestir confortavelmente, não só aos seus filhos como aos filhos de todas as terras do planeta que as bandeiras isolaram uma das outras, operando o triste movimento da separatividade humana. O país não necessita das correntes extremistas na direção nacional para que se opere o seu progresso econômico e social. Todo o extremismo é sintoma de decadência e de desorganização, conduzindo aos desvarios da força que arruínam o espírito construtivo de todas as gerações.

Que o Brasil se integre no conhecimento da sua missão de terra da fraternidade humana. E que, neste momento, em que ele não pode contar com os capitais estrangeiros para reerguer o monumento de sua grandeza econômica, em vista dos dispositivos absurdos de todos os códigos de legislação financeira da grande maioria de nações do mundo, que a Terra do cruzeiro possa contar com o ouro da boa vontade, do trabalho e do coração fraterno de seus filhos, para desenvolver o seu papel de celeiro material e espiritual do mundo esgotado de vossos dias, preparando os homens para a abastança na cooperação e na fraternidade, e preparando as almas para a vida imortal.

## Torres Homem

14 de março de 1937

# O NOVO APOSTOLADO

Amigos, Paz!

Mensagens, neste momento, seriam desnecessárias, porquanto a mensagem maior ainda é a do Evangelho do nosso Divino Mestre, que a Humanidade terrestre ainda não interpretou devidamente, apesar de quase dois mil anos decorridos sobre o seu advento, incapaz de lhe apreender o seu sentido revolucionário no terreno espiritual. Mas, minha palavra obscura associa-se à vossa, neste cenáculo, onde reproduzis, dentro da humildade do ambiente, as assembléias simples dos tempos apostólicos e que precederam, operando o mais largo movimento ideológico, a derrocada do Império Romano, eivado de todos os materialismos e de todas as impertinências. Tocais ao fim da civilização do bezerro de ouro. Os tempos que se aproximam pertencem ao triunfo cristão. Todavia, todos os abalos se anunciam aos olhos dos vossos observadores, economistas e sociólogos, preludiando a transformação geral do porvir.

O mundo inteiro vive a sua fase de inquietações angustiosas. A Europa, que vinha guardando consigo o sceptro da cultura e da evolução de todos os povos do planeta, prepara-se para erguer o catafalco de suas próprias grandezas. Seus desenvolvimentos científicos não conseguiram iluminar-lhe a estrada do progresso, conseguindo, apenas, o elemento do arrasamento e da destruição. Ainda agora os seus mais famosos químicos e mecânicos são recrutados para o proveito de suas capacidades inventivas nas indústrias bélicas. A guerra química e bacteriológica é hoje um índice seguro de que na guerra próxima, somente os soldados das vanguardas estarão a salvo dos maiores perigos.

E é justamente esse quadro doloroso que motivou a amarga reflexão de um dos vossos pensadores, concluindo que se os códigos políticos justificam o ataque futuro às mulheres e às crianças indefesas, não será de espantar que o homem de amanhã retrograde para o quadro mesológico dos antropófagos, devorando carne humana.

Apesar de todos os protestos dos pensadores cristãos e dos que refletem acerca dos problemas graves da vida, a verdade é que as nações se preparam afanosamente para as lutas fratricidas. A Inglaterra acaba de lançar o torpedeiro moderno com a capacidade de 2.800 toneladas. A imprensa alemã considerava nestes últimos dias que os tratados de paz internacional se resumem a exércitos de parágrafos.

Os políticos hitleristas procuram dotar o território alemão de todas as possibilidades econômicas, inventando todos os sucedâneos para que o país se baste a si mesmo, dentro dos imperativos odiosos da política anárquica, desenvolvida nestes últimos anos, complicando os fenômenos de troca no comércio internacional.

Nunca, como em vossos dias, a siderurgia teve tão grande desenvolvimento. O ferro como o petróleo é carinhosamente procurado por todos os governos e as fábricas de munições, de armamento, aí estão criando novas casas Krupp, para a desgraça das coletividades.

É esse, amigos, o quadro doloroso que se desenha aos nossos olhos. O homem não pode prescindir da guerra para poder se integrar no conhecimento da verdadeira paz. As leis humanas, os códigos políticos das criaturas, condenam a geração atual ao morticínio.

Geração mais infeliz que perversa, não podemos pressagiar-lhe serenidade coletiva no presente. Os dias angustiosos da atualidade representam os desvios e os erros de ontem. É preciso redimir-se a individualidade das criaturas e a personalidade dos povos. Infelizmente a defecção espiritual da igreja católica, incentivando a fome maldita do ouro no coração da Humanidade, sem integrá-la no verdadeiro conhecimento do evangelho cristão, é culpada da situação angustiosa do homem em vossos dias.

Já os antigos Romanos, para condenarem a febre de ambição dos seus contemporâneos, conservaram como um exemplo a angústia de Aquílio Mario, prisioneiro do rei do Ponto, obrigado pelos seus algozes a beber o ouro derretido e fumegante, pagando com a vida, nessas trágicas circunstâncias, as suas audaciosas conquistas.

Na atualidade, amigos, representais, na humildade de vossa situação em face dos favores políticos do mundo, os novos apóstolos do Cristianismo restaurado, objetivando a revolução sociológica, sem canhões e sem balas homicidas. Não duvideis. A vitória está próxima. A noite está muito escura, mas os faróis imensos do amor de Jesus estão acesos, no oceano encapelado, apontando o porto bendito de sua divina misericórdia.

Os cristãos novos têm de amar e cultivar a renúncia e o sacrifício. Na atualidade, todos os problemas econômicos amarguram a alma aflita dos povos, a par da crise espiritual, que lhe consome todas as energias. É preciso regressarmos à humildade e à fraternidade daquele foco de luz que foi o microcosmo da Galiléia, às margens do Tiberíades, onde reside a semente de todos os organismos políticos do porvir, a base do mais puro socialismo cristão.

O homem do Século XX paga o pesado tributo das suas extravagâncias e de seus caprichos, dentro de uma civilização, que se perde à míngua de humildade, de amor. Para o homem moderno, o pão de cada dia significa o arranha-céu, o bungalow, ou a mais refinada cultura acadêmica. É necessário lembrarmos, antes de tudo, que o mais intenso movimento de fraternidade verdadeira precisa ser preconizado e aplicado, para reorganizarmos alguma coisa no montão de ruínas, que restará de todas as grandezas materiais, no grande arcabouço da vossa civilização em crise.

Lembrai-vos do Divino Modelo. Recordai-vos que o Plenipotenciário do Infinito, para surgir no mundo, com a auréola sublime de suas glórias, escolheu a hora escura e triste da meia-noite, sobre as palhas de um estábulo modesto, rodeado de animais e de homens simples, para que as criaturas não lhe vissem a glorificação. E lembrai-vos que, para morrer, escolheu a hora mais clara do dia, sobre um outeiro escalvado e nu, nos braços de uma cruz humilhante, para que todos os homens lhe contemplassem a dor e o martírio, reafirmando a grande verdade que o seu reino ainda não é deste mundo. Firmai-vos, pois, no propósito nobre de trabalhar ativamente pelo Cristianismo restaurado, que é o Espiritismo à luz do Evangelho.

E ao nosso irmão Leopoldo, que hoje veio a esta casa, desempenhando o alto dever de sua consciência de apóstolo, no seu abençoado mister de propaganda e ensino da doutrina do amor, da verdade e da luz, que o Senhor o acolha no manto de sua misericórdia, dotando do seu espírito de discípulo e lutador, de mais energias para a sua missão de educador, organizando a geração de amanhã. Que ele regresse ao seu lar e à sua tenda dignificado pelo labor, onde floresçam as bênçãos divinas, edificado e feliz.

E a cada um de vós, que o Divino Mestre conceda muita paz, é o desejo sincero do vosso servo e irmão humilde.

## Emmanuel

30 de março de 1937 [1]

---

[1] Segundo consta do original, e reproduzida *ipsis verbis*, a mensagem foi recebida em 17 de janeiro de 1937, na União Espírita Mineira, após a conferência do professor, jornalista, escritor, poeta, compositor e palestrante espírita Leopoldo Machado, personalidade de fundamental importância para o Espiritismo nos anos 30 em diante, sendo um de seus mais expressivos divulgadores e incentivadores. A ele devemos a criação das mocidades e das escolas de evangelização infantil, assim como a realização dos primeiros eventos espíritas no Brasil.

# MENSAGEM DE CARLOS DE CAMPOS

Depois da palavra esclarecida do Dr. Armando Pamplona, toda ela organizada nos pórticos das indagações metapsíquicas dos tempos modernos, não venho discutir entre vós outros as teorias que Richet trouxe à luz da publicidade, no seu apostolado de experiências, em mais de 50 anos, embora lamentando a impossibilidade de materialização da minha personalidade sobrevivente, em vossa assembléia espiritualista, no objetivo de confirmar no mais cabal testemunho as verdades apresentadas pela palavra insigne do orador desta noite.

Ao Espiritismo cabe o grande papel de renovador de todas as ciências físicas contemporâneas, esclarecendo os mais profundos problemas da Biologia, com as realidades do corpo espiritual preexistente; esclarecerá todos os setores das atividades humanas, em particular, demonstrando as mais sublimes verdades da vida. Aliás, como sabeis, a Ciência terrestre está sempre renovada, em cada período de 50 anos. As suas atividades se caracterizam pela mais perfeita transitoriedade.

No desenrolar da história, vede que o sistema geocêntrico de Ptolomeu é sucedido pelo sistema heliocêntrico de Copérnico; a esse último sucede-se Galileu, estabelecendo as mais belas teorias cosmogônicas e ainda depois deste Flammarion aparece na Terra, como o paisagista do céu. Depois da teoria de gravitação de Newton, Einstein lhe sucede com a teoria da relatividade, nos problemas complexos da Física. Em medicina o solidismo integral surge depois das teorias do humorismo dos médicos antigos. Vedes assim que a Ciência do homem é instável e se renova sempre, de acordo com as etapas evolutivas da Humanidade. Todavia, ainda o meu propósito não é de expender-me em considerações científicas dos planos terrestre e venho assim, apenas diante da Imprensa do meu Estado e diante da sociedade da minha terra, falar-vos do papel do Espiritismo dentro da política espiritualista que, no futuro deverá orientar todos os fenômenos sociológicos, no desdobramento de todas as atividades do homem do porvir.

Em reconhecendo o meu propósito, estranhareis, por certo, que eu não me dirijo aos confrades da política administrativa do país, apresentando novos programas de governo ou inovações nas suas atividades comuns. Embora conhecendo os perigos a que se entrega, atualmente, o Brasil, no tocante à propaganda abusiva de idéias extremistas e perniciosas aos seus institutos democráticos, reconheço que semelhante atividade é do homem encarnado e é preciso que ele mesmo desenvolva a sua ação, em favor da tranqüilidade individual e coletiva. Infelizmente os interesses dos clãs e das personalidades constituem ainda, muitas vezes, os motivos de prejuízo da pátria, mas a evolução tem de se processar, fatalmente, e é lógico que aguardemos os melhores dias, no terreno da compreensão do bem geral e da fraternidade.

O homem da Terra perde-se hoje num labirinto de muitas cogitações desnecessárias e essas dificuldades, encontradas no caminho de todos os povos, devem a sua paternidade à crise espiritual que infelicita as criaturas.

Os sociólogos que levam a efeito a amarga psicologia do momento histórico que a Humanidade terrestre está vivendo, apresentam as teorias mais interessantes e absurdas, tentando explicar a triste situação dos tempos modernos.

Alguns apelam para a escassez de ouro nos mercados internacionais que dificultaria a regularidade nos fenômenos da troca, mas é preciso reconhecer a falsidade desses argumentos. Existem na Terra, atualmente, cerca de 53 milhões de kilos desse metal e não parece que a sua extração, aliás, que a sua produção haja decrescido. Em 1935 o mundo produziu 483 mil kilos, contra pouco mais de 370 mil, em 1934. Vemos por aqui, com a técnica da mineração que o ouro só poderá crescer na produção do planeta. Outros sociólogos acusam as máquinas, colocando no seu advento e na sua intensificação as causas dolorosas das dificuldades do mundo; mas a máquina apenas aumentou as facilidades da produção não obstante a necessidade de muitos capitais na questão dos transportes e da propaganda, dentro da centralização dos parques industriais.

Segundo as estatísticas verificadas ultimamente, nunca a Humanidade produziu tanto como nestes derradeiros anos e jamais houve no mundo tanto infortúnio econômico e mais rude miséria. Enquanto o orbe inteiro possui cerca de 30 milhões de desempregados, a política do isolamento queimou e inutilizou produtos que dariam para alimentar e vestir confortavelmente cerca de 35 milhões de pessoas. Vede pois que a crise é espiritual e somente a ela se deve o desdobramento de todas as outras crises que infelicitam a Humanidade do Século XX.

O que necessita o mundo é de cristianização e de evangelho, não a base de doutrinas religiosas, cheias de interesses inferiores e de ambições personalistas, mas dentro do melhor espírito de solidariedade humana. Apesar de todas as tendências dos países do planeta para a ditadura, levadas pelas rajadas de mau nacionalismo e pela autarquia deplorável, a sociedade do futuro terá de se organizar dentro da fraternidade cristã dos tempos apostólicos. Na região liliputiana da Galiléia está o princípio de toda a sociologia de amanhã.

Há necessidade de se buscar o Evangelho, estabelecendo-se a aplicação dos seus princípios na face do mundo.

E vendo São Paulo, possuído do desejo de colaborar nessa tarefa bendita, dentro de seu apostolado de trabalho e de sublimes edificações, trago-lhe o meu brado de incitamento, livre de qualquer prurido nocivo de regionalismo dissolvente.

Que São Paulo colabore na seara bendita de Jesus.

Dos 8.000.000 de contos a que deve atingir a produção brasileira, em 1936, a S. Paulo deve-se 40 por cento contra as outras 20 unidades da Federação e que, no seu progresso econômico, não olvide a necessidade dos labores espirituais, em favor do bem geral, no plano dos indivíduos e das coletividades.

Trago, portanto, a todos a minha palavra de admiração e de incitamento, esperando a cooperação geral em torno das atividades espiritualistas da gente bandeirante. Ao Brasil cabe o papel de orientar, no futuro, os grandes movimentos evangélicos do planeta, depois dos esgotamentos econômicos do Velho Mundo, que, há muito tempo, prepara a sua própria destruição da mais desenfreada política armamentista. E que o Estado bandeirante possa afirmar as suas realizações fecundas, à frente das atividades espiritualistas da Terra Brasileira. Nas vésperas de suas festas comemorativas do cinqüentenário das leis imigratórias, expressão de sua fraternidade e de sua profunda compreensão dos princípios de solidariedade humana, sinto-me feliz, trazendo-lhe a minha exortação para que prossiga como a máquina poderosa do progresso brasileiro. E sem querer levar-vos, mais longe, em considerando o papel do Espiritualismo nas ciências morais do planeta, esperamos nós, os espíritos desencarnados, que vivemos e sentimos ainda, apesar de nossas remotas condições de invisibilidade, e cada um de vós, possais representar um baluarte de fé, de crença e de esperança dentro das grandes verdades espiritualistas na terra generosa do Evangelho.

## Carlos de Campos

11 de maio de 1937 [1]

---

[1] Segundo consta do original, a mensagem, publicada sem título, foi recebida na "Semana Metapsíquica", realizada na Sociedade Metapsíquica de São Paulo. Reproduzido *ipsis verbis*.

# PIRATININGA

Corria o Século XVI e a terra se banhava numa onda revolucionária de novidade e de beleza. Toda a Europa, com exceção dos países do Norte, estava repleta de pincéis e de mármores preciosos, tocada pelas ânsias criadoras dos artistas da Renascença. O Tratado de Tordesilhas, levado a efeito em 1494, havia imposto uma trégua à luta entre os portugueses e os castelhanos, fixando o limite das suas colônias nas terras novas.

O comércio internacional havia se deslocado das águas do Mediterrâneo para as águas pesadas e fartas do Atlântico, com o impulso das especiarias, do ouro, das pedras preciosas e a invenção de Gutenberg começava a fazer, no mundo, o paraíso e o purgatório dos homens.

Foi nessa época, em que a Humanidade solicitava o concurso das belezas pagãs para atenuar o rigor das disciplinas religiosas dos tempos medievais que o Senhor, no seu trono de nuvens, bordadas de lírios e de estrelas, quis visitar a sua obra terrestre, em companhia do seu divino mensageiro encarregado de todos os assuntos concernentes à configuração geológica do planeta.

– Elael, disse docemente o Senhor, "como seguem na Terra as tuas atividades?"

– Felizmente, Senhor, tenho cumprido severamente os deveres que se acham afetos à minha responsabilidade individual."

Como sabeis, continuou o anjo pesaroso, as terras que havíeis, por tantos séculos, escondido à sanha das sociedades imperialistas da Terra, formadas a base da rapinagem e da ambição e a revelia do vosso Evangelho foram agora descobertas pelos navegadores portugueses e castelhanos.

Todavia, é de se lamentar os abusos aí perpetrados pelo elemento conquistador. Na parte meridional do Novo Mundo, Francisco Pizarro acaba de decretar a morte de Atahualpa e no Norte, Fernão Cortez ordenou o estrangulamento do Rei Montezuma, quando essa boa gente sempre cumpriu com os mais comezinhos princípios de bondade fraterna...

– E ninguém protestou? – perguntou a voz doce e clara do Mestre.

– O bispo de Las Casas, Senhor, já pediu providências nesse sentido, porém, os conquistadores não atenderam aos generosos apelos desse ilustre prelado.

– O que acontece é de se lamentar com verdadeira amargura. Infelizmente, os homens ainda não entenderam os seus grandes deveres de fraternidade; todavia, em considerando os martírios dos Incas e dos Astecas, não podemos esquecer que encontrarão consolo e misericórdia no meu amor, essas raças oprimidas e humilhadas.

Como sabes, a evolução nunca se processa por graus sucessivos e sim como nos fenômenos biológicos que se verificam pela força das antíteses, dos conflitos dos elementos contrários e jamais esquecerei de premiar os justos e punir os culpados.

Ainda agora, as potências angélicas, encarregadas da solução de todos os problemas etnológicos do globo terrestre, pedem-me que designe um local no Mundo Novo, para estabelecer uma raça nova. Espíritos decididos, valorosos e heróicos, vão descer de mundos cristalinos para colaborarem na minha obra de amor sobre a Terra e é necessário que saibamos localizá-los com justiça e raciocínio.

– Senhor, replicou o anjo bom, em Santa Cruz, que é hoje a possessão dos navegadores portugueses, existe uma chapada maravilhosa de terra maravilhosa, perto da Serra e perto do Mar.

Aí, Senhor, as árvores se inclinam generosamente para as terras ricas e fartas, cheias de sol e ensopadas de luar e as flores são turíbulos perfumados, espalhados no chão, em homenagem à vossa glória! Nessa faixa privilegiada do Mundo Novo que os naturais, na sua simplicidade chamaram de Piratininga, podereis colocar essa raça heróica e valorosa que colaborará convosco em afirmações de trabalho e de bondade.

– Muito bem, Alael, nesse recanto instalaremos esses conquistadores do progresso e do espírito.

E, movimentando-se as forças divinas, um apóstolo reencarnado conseguiu dar princípio à casa privilegiada dos batalhadores da evolução, da justiça, do trabalho e da liberdade e sob o carinho de Anchieta que aliava, no mundo, a Ternura e a Energia, os espíritos valorosos e heróicos, dos seus núcleos primeiros, fixados em S. Vicente, em Sorocaba, em S. Paulo, Itu e Taubaté, partiram procurando o ouro da Terra e conduzindo o ouro de Deus, em afirmações de progresso, de trabalho e de liberdade.

Sob as vistas de Deus, portanto, Piratininga nasceu, para cumprir a mais sublime missão, afirmando em toda a parte a sua magnanimidade, a sua sabedoria e a sua misericórdia.

Senhor, eu ainda sou, hoje, quase o mesmo verme triste da terra, mas deixa que eu volte dos jardins perfumados do Helicon de tua misericórdia para traduzir o meu agradecimento que, nesta noite, junto da sociedade espiritualista de Piratininga, eu possa trazer a S. Paulo, primeiro mercado dos meus livros e antigo celeiro do meu pão, o preito comovido de minha amizade e de minha gratidão.

### Humberto de Campos

26 de maio de 1937

# O PERIGO DOS EXTREMISMOS

Numerosas lições pude colher após a minha desencarnação para acreditar na possibilidade de se regenerar o mundo com o influxo da luta de ambições da política e bem sei que não me encontro diante daqueles que se consideram como "salvadores da nação" ou "gênios da pátria". Sei ainda, amigos, que o vosso labor piedoso e humilde não se compadece com os trabalhos perniciosos da política da ambição, reconhecendo que não guardais, no íntimo d'alma, nenhum prurido de mandonismo, de preocupações utilitárias e egoísticas, para vos entregardes tão somente a esse banquete espiritual, revivendo, com a vossa humildade, aquelas assembléias da primitiva igreja cristã, nas suas horas douradas pelo sol espiritual dos tempos apostólicos.

Não venho, porém, utilizar-me da possibilidade que a vossa reunião me oferece para pregar doutrinarismos políticos e sim, levantando-me do leito de Procusto, onde alguns companheiros atiraram o meu nome e a minha memória, para apelar, como outros espíritos o têm feito, desejosos da evolução do Brasil, no concerto dos povos, onde a sua posição de terra do Evangelho deverá prevalecer sempre, com os mesmos característicos de fraternidade e de paz a que se destina no planeta, apelar para todos os espíritos de boa vontade no sentido de se abroquelar a nação com a ordem, abandonando-se toda e qualquer preocupação revolucionária, cujas sendas maléficas perturbam, de novo, em seus profundos alicerces, a vida política da nacionalidade.

Hoje, o meu "Nego" se dirige a todos aqueles que aproveitam do rio largo das oportunidades, procurando um porto seguro para os seus interesses pessoalíssimos. Longe do cenário político brasileiro, com a serenidade que me prodigaliza a distância e longe do sentimento estreito com que aí no mundo encaramos a questão da pátria, posso falar, com mais acerto, de todas as coisas que nos tocam de perto, desejoso não de fazer do país um centro do mau nacionalismo que campeia no mundo, isolando as coletividades uma das outras, mas colaborando para que se eleve, ainda mais, o índice da nossa fraternidade, aproveitando-se, mais e melhor, as nossas possibilidades econômicas, dentro do mundo.

É com intensa mágoa que seguimos o surto dos extremismos na terra generosa a que nos sentimos ligados pelos mais sagrados princípios de afinidade afetiva: infelizmente, as histerias coletivas começam a se apossar do grande organismo da nação, vaticinando acontecimentos dolorosos e destruidores de tudo quanto temos conseguido em nossos poucos séculos de vida política. É justo que se procure conservar as nossas tradições democráticas, porquanto somente à luz da democracia poderemos evoluir para os sistemas de governo, idealizados pelos mais elevados espíritos de todos os tempos, todavia é justo e necessário que cooperemos, com mais intensidade de esforço ainda, para que se coloque a coletividade brasileira a salvo de movimentos perniciosos que viriam destruir todos os recursos de nossa vitalidade econômica, comprometendo, consequentemente, a nossa estabilidade social.

Sob o manto da incúria da política administrativa cresceram os dois grandes perigos. Os extremismos da direita e da esquerda trabalham na sombra, recebendo o sustento necessário dos grandes centros estrangeiros que lhes deram origem, com o objetivo de se infiltrarem, dentro de nossas comunidades políticas; o pior de tudo isso é que esse labor ingrato e sinistro não se processa, com as atividades de elucidação das massas, mas sim com a manobra dessas mesmas massas sociais que se entregam inermes, sem a defesa do raciocínio e da compreensão, quanto a esses perigosos enganos. Fora erro grave fortificar-se o extremismo da direita, a pretexto de sua máscara de tradições conservadoras, porquanto nos seus movimentos ocultos, recebe a mesma orientação do extremismo da esquerda, resumindo-se ambos em escravização de consciências, conduzindo povos à mais negra subserviência, à escravidão completa e à inutilização de todos os valores individuais. Infelizmente, observamos ainda aqui, os nossos movimentos de imitação: enquanto éramos colônia, vivíamos a existência reflexa da metrópole portuguesa, padecendo de suas vicissitudes e refletindo a sua situação cultural e política, durante o Império, procuramos imitar os ingleses, como se os nossos caboclos fossem legítimos continuadores dos espíritos educados do Essex ou dos descendentes de Palmerston; nestes quarenta e tantos anos de República, copiamos as fórmulas norte-americanas, tentando trazer para o nosso meio o tipo inconfundível e originalíssimo do anglo-saxão, provando à sociedade aquela sarcástica observação de Sílvio Romero de que toda a nossa preocupação tem sido a de parecer aquilo que não somos.

É tempo de nos voltarmos para o Brasil generoso e fraterno, procurando dotá-lo de todas as expressões de um progresso verdadeiro e duradouro. A democracia tem necessidade de ser vivida de fato pelos nossos homens públicos, sentida por eles, a fim de que o lado bom de nossas coletividades possa produzir os melhores frutos. Que se dispense a orientação, não só de Moscou, mas de Berlim e de Roma igualmente. Racismo, ditaduras e outras expressões da decadência desses povos que, em verdade, nunca foram profundamente liberais e jamais souberam aproveitar os verdadeiros benefícios dos programas democráticos, não se compadecem com a alma do Brasil, alma forte e libérrima, pronta para desferir os mais largos vôos na sua carreira evolutiva para a perfeição dos sistemas sociais do futuro.

De cá, vemos o grande perigo. Fermenta-se, na atualidade, toda a massa, prenunciando-se catástrofes que, em tempo, poderão ainda ser evitadas.

Que junto de nossas instituições de governo alcance mais força o poder judiciário da Nação. Se a essência de tradições ainda constitui um motivo para que forneçamos testemunho de nossa incapacidade política, como muito bem observa Alberto Torres, procuremos dar as mãos, organizando a liga da boa vontade, em favor do progresso geral. Todos os perigos parecem ameaçar a tranqüilidade de nossa gente e das nossas instituições, quando mais um pouco de sacrifício e de renúncia ao interesse à vaidade e ao interesse pessoal, poderiam corrigir muitos erros e sanar dificuldades, invencíveis à primeira vista. O povo brasileiro conhece já a ineficácia dos surtos revolucionários para reparar situações financeiras ou descalabros políticos, antes da hora psicológica dessas transformações; conhece de sobra que os defeitos de hoje é a continuidade dos defeitos de ontem e que toda a plataforma ou programa de governo que não repousarem na educação das massas, constitui um trabalho falho de qualquer realidade construtora. Que aproveitemos, portanto, os nossos princípios democráticos e, corrigindo a função expletiva do poder legislativo, concedamos mais autoridades aos nossos poderes judiciários, deixando-lhes toda a soberania para se organizarem convenientemente, a fim de que não sejam um reflexo do poder executivo. Lembremo-nos que, dentro do nosso quadro mesológico seria melhor sofrer-se a força da lei que a tirania do arbítrio. E, de cá, exorta a antigos companheiros, se por acaso, tenham o desassombro moral de me ouvir a palavra, quanto à grande necessidade do momento, no sentido de se moderar a campanha extremista dentro das atividades políticas do Brasil, para que possamos produzir com todas as nossas capacidades de trabalho e com a paz a que fazem jus todos os povos construtores da fraternidade humana.

Se fui arrebatado na onda reacionária, sob o impulso da destruição e da desordem, eu não morri para o meu idealismo espiritual. Com a carne verminada e apodrecida ficaram as muitas ilusões de que fui vítima, dentro do meu sonho de franqueza e de lealdade, mas o meu patrimônio moral e o meu amor pela liberdade, esses ficaram no meu coração e no meu espírito, dentro das profundas verdades da única vida que é a vida espiritual.

## João Pessoa

22 de agosto de 1937

# MENSAGEM DE NINA ARUEIRA

Para melhor compreensão, incluímos um texto de Clóvis Tavares antes da referida mensagem de Nina Arueira.

"Antes de mais nada: pode parecer estranha a publicação desta mensagem, pelo caráter íntimo de que ela se acha revestida. No entanto, compreendendo e perdoando os possíveis juízos dos menos avisados, resolvemos, alguns irmãos e irmãs da Escola Jesus Cristo, a sua difusão pública, apesar mesmo da natureza particular de suas palavras.

Creio todos compreenderão que o ato de publicar-se a presente mensagem, objetiva somente o testemunho de mais um fato espírita, que poderá transformar a descrença de alguns ou muitos, em vontade de pesquisa ou certeza das realidades imortalistas. De modo sincero, julgo que nessa resolução se obedeceu ao princípio de que os interesses superiores e sagrados da Doutrina estão acima dos que são apenasmente individuais e também acima dos sofrimentos que possamos receber pela sua defesa.

Agora, já que estas linhas devem ser breves: o modo como foi recebida esta dádiva celeste.

As irmãs professoras Djanira Bastos de Souza e Salvadora Assis estavam, durante o último mês, em Belo Horizonte e desejavam ir a Pedro Leopoldo, que fica perto da capital mineira, a fim de conhecer a Francisco Cândido Xavier, o humilde médium que tem recebido belíssimos e inatacáveis trabalhos literários de poetas e prosadores brasileiros e portugueses desencarnados.

Estavam elas hospedadas em casa do Sr. Oscar Coelho dos Santos, quando recebem, na segunda-feira, 21 de fevereiro último, a agradável surpresa da chegada, a Belo Horizonte, do Chico Xavier. O médium é empregado da Fazenda Modelo, em Pedro Leopoldo, e viera à capital a serviço. Sendo amigo íntimo do Sr. Oscar, foi a sua residência. Aproximava-se a hora do almoço e o Francisco Xavier é convidado para a refeição.

Terminada esta, em reunião íntima, diz o médium: "Aqui está presente uma jovem. Ela dá seu nome: Nina Arueira. E diz que deseja dar uma mensagem a estas duas irmãs. (Referia-se às professoras Djanira e Salvadora, do Departamento Feminino da Escola Jesus Cristo, e que estavam presentes).

Imediatamente, o médium, conforme o relato fidedigno de nossas duas irmãs, enche, com rapidez, nove folhas de papel de carta, que são a mensagem.

Além do Sr. Oscar e esposa, D. Antonia Bastos dos Santos, e de nossas duas irmãs, estava presente o Dr. Carlos Cruz, conceituado médico da capital de Minas.

Ainda, por fim, duas palavrinhas e estas aos descrentes e materialistas, como eu já fui. Eis alguma coisa digna de ser meditada:

Francisco Xavier, nada conhecia de minha vida passada, nem da de Nina, nem do nosso noivado, nem de minhas antigas atividades políticas, nem sabia coisa alguma sobre os projetos da Escola Jesus Cristo, sobre o nosso ideal de construção da Casa da Criança Pobre. E todos esses assuntos são falados na mensagem, que guarda perfeitamente o estilo de Nina. – *Clovis Tavares*."

Agora sim, passemos à mensagem de Nina Arueira.[1]

"Minhas bondosas irmãzinhas:

Deus abençoe a vocês que vieram de tão longe para a nossa prece fraternal e sincera. Sim! A minha visita constitui apenas o sinal de minha gratidão perene. Selo aqui, neste instante, uma dívida, a do amor, que a própria eternidade não poderá resgatar!

Na nossa escola humilde de Campos, trabalham com o meu querido Clovis na seara santa: digam-lhe de minha parte que o túmulo não fecha o portal dourado dos nossos sonhos e das nossas ilusões mais fagueiras. A morte, aí no mundo, arrebata os que amam e os que são amados, mas a morte é apenas fenômeno de transição da vida, em marcha para um ambiente melhor. Também eu sofri muito e como não ser assim se eu parti deixando-o, encarcerado, no mesmo paúl [2] onde se transformam todas as ilusões!

No meu coração, havia a perspectiva angustiosa, o temor da separação para sempre. Todavia, minh'alma está mais viva que nunca e o nosso noivado do Infinito é um hino de sagradas aleluias, transbordando harmonias, cujo eco suave nos chega de longe, de rumor inapagado dos séculos mortos.

A Terra, muitas vezes, não comporta a aliança das almas gêmeas. Mundo de lágrimas e de provações, as uniões na sua superfície constituem, na sua mais larga percentagem, os redutos da expiação e do sofrimento.

---

[1] Segundo consta do original, a mensagem foi publicada sem título. [2] Reproduzido conforme o original, *ipsis verbis*.

Você, minha boa Salvadora, diga-lhe que prossiga sem desfalecimentos, não mais na propaganda das místicas políticas que são sempre o transunto de atividades humanas e transitórias, mas espalhando as consoladoras claridades da Boa Nova. Tenho acompanhado todos os seus labores, nesse particular, e esperamos, em breve, concretizar os nossos sonhos de erguer um pouso de amor para as crianças deserdadas de afeto.

Você e a Djanira nos auxiliem também. Eu sei que os seus corações bondosos e fraternos estão associados ao nosso esforço, mas transformemos as nossas atividades no mais pujante dos dinamismos, procurando espargir as flores perfumadas do amor.

Eu, que não pude constituir o lar terrestre, constituirei juntamente com o trabalho de vocês, uma casa de afetos, simples na sua humildade, sincera no seu amoroso aconchego, mas muito grande pela expressão espiritual da sua finalidade evangélica.

Deus as abençoe pela alegria que me proporcionam, oferecendo-me a oportunidade destas palavras e que a piedosa Mãe de Jesus possa agasalhar no seu manto divino, constelado de todas as virtudes, as esperanças e as mais sagradas aspirações de vocês, de molde a poderem cumprir sobre a Terra as suaves determinações da missão da mulher.

No problema da mediunidade, procurarei auxiliá-las. Você, Salvadora, deve procurar o desenvolvimento da psicografia. Poderá obter muito, nessas atividades. Auxiliá-la-ei nesse sentido e seu coração deve contar com a cooperação afetuosa de minha amizade; a Djanira deverá procurar intensificar as suas possibilidades, no terreno da mediunidade curadora; as suas faculdades poderão beneficiar a muitos. Contem ambas comigo.

Na escola, tenho auxiliado a todos como me é possível e não posso, de maneira alguma, olvidar um só.

Mais uma vez, peço-lhes levar ao coração do Clovis a expressão da minha lembrança perene e esperando obter de Jesus a sagrada alegria de continuar em contato com todos vocês, na nossa Terra, rogo ao Senhor que derrame sobre todos as bênçãos celestiais da sua infinita misericórdia e com essa prece sincera, minhas queridas, aqui lhes deixo todo o meu afeto e todo o meu coração.

## Nina Arueira

1 de maio de 1938 [2]

---

[2] A mensagem consta do livro *Trinta anos com Chico Xavier*, de Clóvis Tavares (Editora Calvário, 1971, p. 46-47). Reproduzido *ipsis verbis*.

# O DESTINO DOS JUDEUS

Preocupado com a sorte que espera os judeus europeus perseguidos, espoliados dos seus haveres e impedidos de emigrar, por falta de quem os acolha, pedi ao médium Francisco Cândido Xavier, consultasse aquele espírito sábio, Emmanuel sobre o seguinte:

Que será dos judeus, em face das perseguições contra eles movidas em quase toda a Europa?

Para onde poderão eles emigrar se quase todos os países não europeus não os aceitam como imigrantes?

Que há de ser deles?

Aqui publicamos a resposta sem comentários: [1]

"Sem examinarmos o ascendente místico das peregrinações do povo israelita, através das nações da atualidade, acontecimento esse que não se verifica à revelia da Justiça Suprema, precisamos considerar que as perseguições aos judeus, nos tempos que correm, constituindo fenômenos dolorosos de provações coletivas, não podem ir além do fanatismo desvairado da política racista, sem clima favorável no ambiente das verdadeiras democracias do planeta.

---

[1] Nota introdutória de Frederico Figner.

Essas expressões de violência têm de desaparecer da própria administração dos países que as adotaram, por incompatíveis com as ciências sociais do Século XX.

Se os remanescentes de Israel têm os seus defeitos, como todos os povos do mundo, possuem no mais elevado grau, as virtudes do trabalho e da perseverança que os fizeram respeitáveis ante os valores da civilização ocidental, muito antes de sua trajetória de amargura pelas fogueiras do Santo Ofício.

Numerosas transições assinalaram as atividades do mundo moderno e a fraternidade social não será um mito, nos dias do porvir. Debalde os ditadores conclamarão as forças da Guerra, neste crepúsculo do pensamento ocidental, porque de seus escombros surgirão novas luzes de experiência sagrada, cuja finalidade única é deitar novas raízes de amor nos corações.

O povo judeu, terminadas as provações que agora lhe depuram e lhe regeneram as energias, conhecerá o seu dia de plena libertação. Examinando-se detidamente o assunto, somos obrigados a reconhecer que toda a civilização do Ocidente tem para com ele uma dívida sagrada e, em se tratando de seu futuro, todos os países de recursos podem e devem oferecer asilo aos seus filhos. Principalmente a Inglaterra e as Américas, que muito se beneficiariam do seu concurso e dos seus ensinos, nas suas organizações econômicas e políticas, estão à altura de estender mão amiga às vítimas dos desvarios racistas.

Não podemos igualmente esquecer que os grandes acontecimentos esperados atualmente no mundo se referirão particularmente à revisão dos problemas coloniais, a fim de que a fraternidade se faça sentir, objetivamente, nos bastidores políticos do orbe. O Império Britânico, inclusive os Domínios, compreende 25% da população terrestre e os ingleses não desconhecem a delicadeza de sua missão na hora presente. Eles sabem da dívida enorme que os liga ao povo judeu e, no resgate desse débito, não vacilariam em instalá-los, com todos os direitos na Palestina.

Mas, os Estados racistas sopram a discórdia e a desarmonia entre os árabes, insuflando-os contra os seus irmãos de raça e de sangue. A Inglaterra, na sua psicologia política, sente a necessidade de proteger os seus credores pelo coração, retendo a Palestina, entre as suas forças defensivas. Essa política é a do momento e bem se vê que representa o caminho inevitável. A América, por sua vez, não negará hospitalidade aos perseguidos, resgatando também as suas dívidas espirituais. É conveniente, porém, que salientemos a responsabilidade do Império Britânico, nos anos que passam, em face de semelhantes conflitos, dentro de sua missão protetora e educativa dos mais fracos.

Em nossas observações desses movimentos, não esqueçamos, contudo, que a direção da Terra pertence a Jesus.

Essa situação amargurosa não pesa somente sobre os israelitas.

Todas as nações se sentem aflitas e inseguras. O egoísmo identificou todos os países europeus, uns com os outros e, enquanto Israel se desloca, em face das injustificáveis imposições do racismo, mas consciente da sua missão de perseverança no trabalho e na fraternidade, pesam sobre a fronte dos seus perseguidores os mais sombrios e sinistros vaticínios.

Emmanuel

16 de setembro de 1938

# COISAS DO CARNAVAL

As alegrias ruidosas que precedem o carnaval de 1941 trazem aos olhos de minha imaginação um quadro estranho e doloroso.

Iniciavam-se os movimentos carnavalescos do ano findo. Era um crepúsculo radioso de domingo e, entre os gelados da avenida, enquanto o carioca procurava, ansioso, um lenitivo ao calor sufocante, ferviam comentários relativos ao curioso reinado do Momo.

Os morros estavam inflamados de samba. Nos bairros chiques, as meninas suburbanas ensaiavam batalhas de confete.

— Você quer ver a intensidade de nossos serviços? – perguntou-me um amigo espiritual, desejoso de instruir-me nas lições do meu mundo novo.

Interessado na sua atenção, acompanhei-o sem hesitar.

Chegamos a um casarão desabitado e silencioso.

— Espera! – disse-me o companheiro, com solicitude.

Aquietamo-nos num recanto sombrio. Daí a pouco, grande número de vultos escuros reuniam-se no vasto salão próximo. Dominou-me enorme impressão de assombro. Ainda não havia visto uma assembléia de espíritos do mal. Alguns deles passaram por nós e não nos viram, mas como tenho visitado as assembléias propriamente humanas, sem que ninguém se aperceba de minha presença, não cheguei a experimentar maior admiração.

Confabulavam os circunstantes, entre si. Lembrei-me das histórias em que me contavam, na infância, as bravatas dos demônios ausentes do inferno. Minha comparação era justa. Aquelas entidades pareciam excessivamente perversas; os mais atrevidos expunham projetos ignominiosos, alguns referiam-se a crimes cometidos, a vinganças efetuadas. O conjunto oferecia a impressão de uma quadrilha de malfeitores, perfeitamente organizados. Havia chefes e sequazes, como se as organizações criminosas da Terra tivessem sua continuação no plano invisível.

Dentre todas as palestras ouvidas, um fato despertou particularmente minha atenção.

Uma entidade que parecia mais inexperiente, dando a idéia de um auxiliar de serviço ansioso de remuneração, aproximou-se de um superior, deu-lhe conta das incumbências recebidas e, depois de receber-lhe a aprovação, reclamou em tom de grande insistência:

— Tenho cumprido meus deveres com interesse, mas espero o concurso dos companheiros para a minha vingança, há mais de seis meses! Aquela mulher precisa morrer! Terá de aproximar-se de nosso convívio, sofrerá tudo o que sofri, entretanto, o auxílio de nossa união está sendo retardado...

O interpelado fixou nele o olhar estranho e falou:

— Espera um pouco ainda, tua satisfação aproxima-se. Não nos foi possível atender-te, antes, porque seria difícil em tempos normais. Vai chegar a época própria.

– Mas por que tenho aguardado tanto? – perguntou o outro, impaciente.

– Como sabes, – esclareceu o superior, – os tempos normais são de Deus. Dentro deles, pela vigilância de uma só pessoa, cooperam as disciplinas sociais, o pensamento dos espíritos justos, a influência indireta dos lares respeitáveis, as preces dos templos, os santuários abertos. Os que não erraram defendem as almas caídas. Encontramos assim muitos obstáculos. Mas já estamos nas vésperas dos tempos anormais. Esses são do homem e o homem é inferior como nós somos. Quando há guerra ou loucura, só podem manter contato com Deus os que já adquiriram passagem livre, mas os outros caem no nosso nível, então os bons serviços podem ser feitos.

A entidade inexperiente ouviu as observações e sentenciou:

– Aqui no Rio não há guerra.

– Mas haverá o carnaval, – disse o outro, convicto.

– E o movimento oferece tamanhas oportunidades?

– Como não? – adiantou o outro, – nesses dias, todos os núcleos ou quase todos os centros de irradiação espiritual estarão mais ou menos em repouso. Os agrupamentos espiritistas, de modo geral, não funcionam. As igrejas estarão de portas cerradas. Grande número dos bons lares estarão desertos, porque muitas famílias respeitáveis temem, instintivamente, nossa ação e se retiram para o interior. Os homens mais sensatos fazem retiro espiritual e não saem à rua, perturbando-nos os desígnios. Como vês, as energias mais sérias abandonam o campo à nossa atividade. As vozes de Cristo, com raras exceções, permanecerão caladas, receosas ou distraídas. Então é justo esperar resultados de nossas tarefas vingadoras.

Confabularam ainda, por algum tempo. Comentaram a situação da vítima e exaltaram o propósito mesquinho. A palestra expunha seu nome e sua habitação, e, intimamente, alimentei a idéia de acompanhar a questão até o fim.

Junto do companheiro, saí impressionado, enquanto sua palavra amorosa esclarecia a complexidade da tarefa de todos os bons trabalhadores de Jesus nos planos invisíveis que rodeiam a atividade do homem na Terra.

E veio o carnaval.

Admirado, segui de perto o esforço titânico das entidades consagradas ao bem, para que se atenuassem os crimes, para que o mal não deitasse mais longamente suas raízes venenosas.

Somente na quarta-feira de cinzas recordei os propósitos perversos da conversação ouvida, na assembléia empolgada por criminosos interesses.

Bastou um pensamento e me encontrei na casa humilde que a palestra indicara.

Pequeno grupo de populares observava os funerais de uma moça pobre. Entrei. No ataúde que se fechava, sob as lágrimas pungentes de uma senhora que parecia extremamente sofredora, vi o cadáver de uma mulher jovem, aparentando trinta anos.

E enquanto voltava à rua espantado, meditando no instituto das provas, nas lutas enormes que se travam de espírito para espírito, escutei a voz da pequena multidão suburbana que discutia:

– Afinal, foi verificada a "causa-mortis"? – perguntava um rapaz de gestos pedantes.

– Não sei, – esclarecia uma senhora idosa, – somente ontem, à tarde, a família conseguiu descobri-la, agonizante.

– Era muito leviana, – diziam outros.

Mas um velhote de semblante bonachão, parecendo um pândego em férias, tão displicente quanto a maioria dos homens deste século, punha termo ao assunto, exclamando, inconsciente:

– Ora! Ora! Mas para que tantas discussões? São coisas do carnaval.

## Humberto de Campos

2 de março de 1941 [1]

---

[1] A mensagem consta do livro *Verdade e amor*, de Chico Xavier, por espíritos diversos (FEB/CEU, 2015, p. 74), assinada por Irmão X. Reproduzido *ipsis verbis*.

# DOIS DE NOVEMBRO

Todos os dias são consagrados à vida, mas a sociedade humana dedicou o Dois de Novembro à lembrança dos que já partiram, em busca da Espiritualidade, através da morte do corpo. Torna-se indispensável destacar que se trata apenas de morte do corpo, porque, em toda parte, a vida floresce sempre nova.

Ao ensejo de semelhante comemoração, fileiras intermináveis visitam os sepulcros. A saudade paira na maioria dos corações como sombra ansiosa. Romarias de luto e sofrimento derramam lágrimas de dor. O pensamento angustiado interroga o infinito. A alma rebela-se. É impossível que todos os sacrifícios e esperanças estejam resumidos a punhados de pó. Cada imaginação relembra uma figura amada, um gesto carinhoso, um beijo, um olhar. A saudade do além manifesta-se, entre pungentes amarguras. E o homem terrestre, na maioria das vezes, sepultado no seu imenso egoísmo, reconhece, por um instante, a miséria das vaidades humanas, que o túmulo consome à força de realidades poderosas.

Em todos os tempos, a transição da morte aparente impressionou o espírito dos povos. Os Vedas, da Índia, os mistérios egípcios, as escolas religiosas da Grécia, as câmaras dos antepassados na China milenária, os altares gauleses, as criptas romanas, falam da incessante interrogação.

E, pouco a pouco, a Humanidade vai entesourando as esperanças novas. O intercâmbio entre os dois mundos torna-se mais intenso. A vida não termina entre as sombras de pó. Prossegue, em sua radiosa imortalidade, através do Infinito, onde outras escolas de luz surgem como sublimes promessas às criaturas da Terra.

Os homens podem tripudiar sobre os patrimônios sagrados que lhes foram conferidos, podem movimentar os monstros da guerra e operar a destruição passageira, mas a vida ressurgirá sempre, de cada escombro, no mesmo impulso de ascender para o seu Criador. O sepulcro é uma porta como o berço; e a criatura humana defrontá-la-á tantas vezes, quantas forem necessárias ao seu aperfeiçoamento. A vaidade, a ignorância, o orgulho e a ambição voltam invariavelmente ao teatro do mundo, disputando a oportunidade de renovação das experiências sagradas. O homem somente aprenderá a viver, quando souber morrer.

Seria, pois, do mais elevado interesse para a criatura estender as meditações de Dois de Novembro aos demais dias do esforço anual. É preciso tomar a idéia de Deus como razão central de cada dia. A morte do corpo é o máximo capítulo no livro de cada existência humana, evidenciando a lei natural das transformações. Sempre haverá transição, sem haver extinção da vida. E aqueles que partem na consciência edificada no dever bem cumprido, estendem as mãos aos companheiros que deixaram na Terra.

Também, nós temos mortos inesquecíveis nos vastos cemitérios dos sentimentos humanos e nos movimentamos em romarias incessantes.

É por isso que nos dirigimos a todos os que se voltam para o Além de olhar interrogador e murmuramos:

– "Irmãos muito amados, não resumais toda a impressão grandiosa da vida num acervo de despojos! A vida tumultua em cada gota d'água. Além da Terra, outros mundos rolam na imensidade como pátrias de alegria, acenando aos homens de boa vontade: além da morte palpitam novas expressões da vida, em que se patenteia a luz divina daquele princípio do "a cada um segundo as suas obras!" Secai a fonte das lágrimas sem esperança e aproveitai a dor como bendito material de edificação! Vossos amados não partiram para sempre. Honrai os caminhos de Deus e se farão sensíveis aos vossos olhos espirituais, dignificai a vida e percebereis a luz de suas mãos".

Lembremo-nos de que foi Jesus que renovou para as multidões da Terra os júbilos da ressurreição.

E a todos aqueles que se encontram de fato, mortos temporariamente no crime, no desespero, nos desvarios do orgulho impenitente, nos sepulcros calados da vaidade, no furioso torvelinho da negação de Deus ou nas câmaras sombrias do desalento envenenado, recordamos a poderosa afirmação de Jesus à irmã de Lázaro:

"Eu sou a ressurreição e a vida: quem crê em mim, ainda que esteja morto, viverá".

É justo, pois, que te lembres com reverência daqueles que te antecederam na grande jornada. Mas, tu mesmo, não permaneças em sepulcros. Une-te a Jesus Cristo e viverás.

14 de novembro de 1941

# A MISSÃO DO BRASIL NO CONCERTO DOS POVOS

Meus amigos, que o Senhor dos Mundos vos encha o coração de muita paz. De novo regresso a esta casa, a fim de confabular convosco. Isto é-me grato ao coração de modo a examinarmos a complexidade de nossos deveres, nos setores das atividades que nos foram conferidas dentro da vida.

Se falamos da última vez na dolorosa situação dos tempos modernos, ante as tenebrosas perspectivas e os sinistros vaticínios que pesam sobre a civilização ocidental, falaremos hoje da missão do Brasil no concerto dos povos, como detentor de grandioso trabalho espiritual, no quadro das nações. Como a individualidade humana, os países têm igualmente a sua missão definida. A história da civilização no-lo comprova.

Em cada período de tempo, determinadas nações do mundo são convocadas pelo Alto a essa ou aquela missão especializada, na estrada interina dos destinos humanos.

Antigamente era a Grécia organizando os símbolos democráticos com a sabedoria de Atenas, depois a família romana desempenhando um papel relevante na formação do Estado, com as profundas realizações políticas do Império. Em seguida, bastará uma digressão através de todos os caminhos históricos da Humanidade, a fim de examinarmos as missões coletivas dentro da comunidade internacional. Ainda há alguns séculos, víamos a Península Ibérica com a tarefa singular dos descobrimentos, a França com o trabalho superior de definir os direitos do homem, a Grã Bretanha com a missão educativa de colonizar, levantando as almas pela cultura. Sim, cada povo tem a sua hora gloriosa marcada no relógio do tempo.

Dentro do colosso americano, onde há quase cinco séculos formava o plano espiritual, o imenso organismo da liberdade, erguia-se o Brasil como o coração do mundo, pulsando pelo mais sublime idealismo dentro da comunidade continental. Bastará um exame superficial, na sua história, a fim de que verifiquemos, em todas as circunstâncias, a excelência da missão do Brasil no quadro dos valores políticos e econômicos do mundo. Desde o descobrimento, a sua existência vem sendo assinalada por fatos providenciais. É que, aqui dentro, na vastidão da terra generosa forma-se uma nova mentalidade para o mundo. Mentalidade dos bens fraternos, que sabem felicitar o coração de todas as criaturas. À sombra de seus vastos potenciais econômicos, o homem do Brasil dilata as suas concepções da vida, no estuário da liberdade bem compreendida e bem aplicada. Seus fatos históricos se revestem de característicos quase sobrenaturais. Enquanto o minúsculo Portugal se distraía com as suas fabulosas conquistas da Índia, o Brasil, quase milagrosamente, conservou a sua integridade territorial, apesar das forças poderosas de outras nações do Velho Continente. Os princípios da força jamais conseguiram desagregar os seus patrimônios extraordinários e em cada acontecimento de sua vida nacional há um traço de luz fulgurante, à luz do Evangelho, compelindo-nos a refletir, no que se refere aos seus deveres profundos. Seus próprios políticos são sempre missionários da ordem social, que, através de todas as tormentas dos eventos humanos, sabem conservar as mãos no leme da tranqüilidade coletiva organizando núcleos de paz e formando a confiança geral, no melhor senso de administração e de ordem, imprescindível a todas as realizações.

Semelhantes conceitos chegam-nos da mente de desencarnado, satisfeito por cooperar, de algum modo, convosco, em virtude das derradeiras arremetidas das organizações dogmáticas e clericalistas, que, na atualidade, pretendem mobilizar os sindicatos médicos contra as florações luminosas do Espiritismo no Brasil, desconhecendo o extraordinário fator de segurança e de iluminação, interior, provindos de nossos postulados de consolação e de paz.

O Brasil, antes de tudo, antes de qualquer campanha, em favor da coletividade, nesse ou naquele setor, necessita de organizar não as lutas religiosas, com pretensões ao Santo Ofício, mas detonar as armas do alfabeto, criando em toda parte a base de cultura indispensável, a fim de que seja cumprida em toda a sua intensidade emocional, a grandiosa missão das almas que vivem sob a luz do Cruzeiro. Basta o livro, a fim de que o país chegue a realizar a precisa consciência real indispensável ao desdobramento de seus esforços, nos valores do mundo.

Acusa-se o Espiritismo quanto a todas as manifestações místicas das multidões delinqüentes, quando essas expressões doentias do organismo social são filhas de modalidades afro-católicas, que perseveram nas massas humildes, sequiosas por compreenderem o sentido de seus trabalhos na solução dos problemas profundos do destino e do ser. Espiritismo é paz e instrução, amor e luz moral, conduzindo a criatura humana ao conhecimento dos enigmas de sua própria personalidade. As agremiações econômicas dos credos organizados temem-lhe a influência salutar, no sentido de extirpar todas as úlceras da ignorância do coração dos mais desfavorecidos da sorte. A necessidade do momento que passa não é de lutardes com armas destruidoras de nossos esforços espirituais, mas sim a de evangelizarmos o ambiente do país, em que se desdobram as atividades do profissionalismo especializado, de modo a não perdermos as mais belas conquistas do coração na atualidade da tecnocracia.

Que os aparelhos judiciários da nação operem no assunto, com o descortínio espiritual de quem vê mais claro e mais longe. O problema do mundo inteiro não é mais de ciência, mas de consciência e, para atingirmos esse elevado desideratum necessitamos colocar, como nas leis naturais, o coração generoso entre o estômago e o cérebro.

A missão do Brasil, repetimos, é das mais vastas, na organização dos valores espirituais da civilização do futuro. Para esse fim, os exércitos do Invisível se desdobram, em todas as direções, a fim de se consolidarem os melhores conceitos morais em nossa evolução política para as realizações mais avançadas.

Em nosso esforço, não guardamos outro propósito, além daquele de reviver o Evangelho do Divino Mestre, na sua pureza primitiva, porquanto deste coração ciclópico da América e do mundo, há de partir para o ambiente internacional um cântico de hosanas! Unamo-nos para o advento desse dia novo. Esqueçamos os conciliábulos políticos que se lembram das conferências da paz, sobre os despojos sangrentos. Dentro de sua posição elevada, no capítulo das edificações espirituais, o Brasil prestará ao mundo os mais altos serviços, buscando ensinar com fraternidade, implantando a verdadeira concórdia e defendendo os seus nobres patrimônios morais, guardando, sobre todas as coisas, o princípio inelutável do direito e da justiça.

Vós outros, os que me ouvis, e que jamais haveis freqüentado os núcleos do Espiritismo, não vos impressioneis com as minhas assertivas. No Espaço, uma das mais modernas tradições é a de que, ultimamente, chegam às portas do céu somente os ateus e materialistas generosos que fazem o bem pelo bem alheios às convenções e ao sentido das recompensas. Com essa lembrança não desejo menosprezar os esforços da fé, mas quero lembrar a necessidade do trabalho sincero, perseverante, decidido e leal nas mais belas expressões de solidariedade real e de simplicidade na vida!

Se puderdes, ajudai-nos! Unamos os esforços para o mesmo fim, estendendo as mãos uns aos outros para a mesma grandiosa tarefa. O homem vale pela sua expressão de sentimento e de consciência e é dentro desses valores profundos que precisamos viver para a consecução das finalidades mais elevadas e mais puras. Que o Divino Mestre vos conceda muita paz ao íntimo é a rogativa sincera do irmão e amigo de sempre.

## Emmanuel

3 de dezembro de 1944 [1]

---

[1] A mensagem consta do livro *Caderno de mensagens*, de Chico Xavier, por espíritos diversos (Legião da Boa Vontade, [s.d.t.]). *In*: REVISTA BOA VONTADE. Brasília: Legião da Boa Vontade, n. 4, out. 1956. Disponível em: <http://bibliadocaminho.com/ocaminhoTXavieriano/Livros/Cds/Cds01.htm>. Acesso em: 15 mar. 2022. Reproduzido *ipsis verbis*.

A NAÇÃO. Rio de Janeiro, 1937. [s.d.t.].

ALVES, Sylvio. *Arte e técnica do Charadismo* – Guia do charadista. Rio de Janeiro: Livraria Tupã Editora, 1957.

BACCELLI, Carlos Antônio. *Chico Xavier* – O médium dos pés descalços. Belo Horizonte: Vinha de Luz, 2011.

BARBOSA, Elias. *Presença de Chico Xavier*. Araras: IDE, 1971.

CORREIO DA MANHÃ. Rio de Janeiro, 1936-1944. [s.d.t.].

CORREIO DA MANHÃ. *In*: <https://pt.wikipedia.org/wiki/Correio_da_Manhã_(Brasil)#/media/Ficheiro:Correio_da_Manhã_-_November_12,_1918.jpg>. Acesso em: 15 mar. 2022.

CUNHA, Maria José. *Isabel* – A mulher que reinou com o coração. Belo Horizonte: Vinha de Luz, 2012.

DIÁRIO DA NOITE. Rio de Janeiro, 1936-1940. [s.d.t.].

DIVULGAÇÃO ESPÍRITA CRISTÃ. Uberlândia, set. 1967. Ano 2, n. 9. [s.d.t.].

FERNANDES, Magali Oliveira. *Chico Xavier* — Um herói brasileiro no universo da edição popular. São Paulo: Annablume, 2008.

GAZETA DE NOTÍCIAS. Rio de Janeiro, 1927-1930. [s.d.t.].

HARLEY, Jhon. *O voo da garça* – Chico Xavier em Pedro Leopoldo | 1910- 1959. 3. ed. Belo Horizonte: Vinha de Luz, 2013.

HARLEY, Jhon. *Nas trilhas da garça* - Chico Xavier nas Minas Gerais. Belo Horizonte: Vinha de Luz, 2016.

JORNAL DAS MOÇAS. Rio de Janeiro, 1927-1933. [s.d.t.].

KLEIN FILHO, Luciano; MONTEIRO, Marcus V.; SILVA, Rogério (Orgs.). *Mensagens de além-túmulo* – Série de reportagens históricas sobre Chico Xavier em 1935. São Paulo: USE/Madras, 2003.

LEÃO, Geraldo; LEMOS NETO, Geraldo (Orgs.). *Pedro Leopoldo vista por Chico Xavier* – 1910 | 1959. 49 anos da presença do maior médium de todos os tempos. Belo Horizonte: Vinha de Luz, 2011.

LEMOS NETO, Geraldo. *Acervo documental e imagético da Casa de Chico Xavier*. Pedro Leopoldo: 2022, Rua Pedro José da Silva, 67.

LUCENA, Antonio de Sousa; GODOY, Paulo Alves de (Orgs.). *Personagens do Espiritismo* – Do Brasil e de outras terras. São Paulo: FEESP, 1982. *In*: << https://xdocs.com.br/doc/personagens-do-espiritismo--antonio-de-sousa-lucena-e-paulo-alves-de-godoy-wvo9gqk1jp8j>>. Acesso em: 12 fev. 2022.

NAÇÃO BRASILEIRA. Rio de Janeiro, 1936. [s.d.t.].

NASSER, David; MANZON, Jean. Chico, o detetive do além. *In*: O CRUZEIRO. Rio de Janeiro: ago. 1944. [s.d.t.].

NOVO ALMANAQUE DE LEMBRANÇAS LUSO-BRASILEIRO. Lisboa, 1930-1932. [s.d.t.].

O CLARIM. Matão, abr. 1968. n. 9. p. 2. [s.d.t.].

O JORNAL. Rio de Janeiro, 1930. [s.d.t.].

RANIERI, Rafael Américo. *O prisioneiro do Cristo*. São Paulo: LAKE, 1978.

ROMARIZ, Andrea Germano de Oliveira. *O Almanaque de Lembranças Luso-Brasileiro*: Um ensaio para um projeto maior?. 2011. Dissertação (Mestrado em Estudos Românticos/Cultura Portuguesa) Universidade de Lisboa – Faculdade de Letras, Lisboa, 2011. Disponível em: < https://repositorio.ul.pt/bitstream/10451/5145/6/ulfl106395_tm.pdf>. Acesso em: 15 mar. 2022.

SILVEIRA, Adelino. *Momentos com Chico Xavier*. Uberaba: LEEPP, 2018.

TAVARES, Clóvis. *Trinta anos com Chico Xavier*. [s. l.]: Editora Calvário, 1971.

XAVIER, Francisco Cândido. *Agenda de luz*. Por espíritos diversos. Rio de Janeiro: Instituto Divulgação Editora André Luiz (Ideal), 1998.

XAVIER, Francisco Cândido. Caderno de mensagens. Por espíritos diversos. [s.d.t.]. *In*: REVISTA BOA VONTADE. Brasília: Legião da Boa Vontade, n. 4, out. 1956. Disponível em: <http://bibliadocaminho.com/ocaminhoTXavieriano/Livros/Cds/Cds01.htm>. Acesso em: 13 out. 2017.

XAVIER, Francisco Cândido; WEGUELIN, João Marcos (Org.). *Cartas do Alto*. Por espíritos diversos. Belo Horizonte: Vinha de Luz, 2017.

XAVIER, Francisco Cândido; WEGUELIN, João Marcos (Org). *Chico Xavier – A aurora de uma vida entre o céu e a Terra*. Por espíritos diversos. Belo Horizonte: Vinha de Luz Editora, 2012.

XAVIER, Francisco Cândido; LEMOS NETO, Geraldo (Org.). *Chico Xavier – Mandato de amor*. Por espíritos diversos. Belo Horizonte: UEM, 1992.

XAVIER, Francisco Cândido; LEMOS NETO, Geraldo; GONÇALVES, Sérgio Luiz Ferreira (Orgs.). *Chico Xavier — O primeiro livro*. Por espíritos diversos. Belo Horizonte: Vinha de Luz, 2010.

XAVIER, Francisco Cândido; JOVIANO, Wanda Amorim (Org.). *Colheita do bem*. Pelo espírito Neio Lúcio. Belo Horizonte: Vinha de Luz, 2010.

XAVIER, Francisco Cândido; NETO, Geraldo Lemos; JOVIANO, Wanda Amorim (Orgs.). *Depois da travessia*. Por espíritos diversos. Belo Horizonte: Vinha de Luz Editora/Didier, 2013.

XAVIER, Francisco Cândido; JOVIANO, Wanda Amorim; LEMOS NETO, Geraldo (Orgs.). *Deus conosco*. Pelo espírito Emmanuel. 2. ed. Belo Horizonte: Vinha de Luz, 2008.

XAVIER, Francisco Cândido; SOUZA, Cezar Carneiro de (Org.). *Iluminuras*. Pelo espírito Emmanuel. 2. ed. Belo Horizonte: Vinha de Luz Editora, 2012.

XAVIER, Francisco Cândido. *Jardim da Infância*. Pelo espírito João de Deus. Rio de Janeiro: FEB, 1947.

XAVIER, Francisco Cândido; WEGUELIN, João Marcos (Org). *Lições para Angelita*. Pelo espírito João de Deus. Vinha de Luz Editora, 2012.

XAVIER, Francisco Cândido; WEGUELIN, João Marcos (Org). *Lira imortal*. Por espíritos diversos. Rio de Janeiro: LAKE, 1939.

XAVIER, Francisco Cândido; TAVARES, Clóvis; TAVARES, Flávio Mussa (Orgs.). *Luz na Escola – Chico Xavier na Escola Jesus Cristo de Campos | RJ*. Por espíritos diversos. Belo Horizonte: Vinha de Luz, 2010.

WEGUELIN, João Marcos. *Memória espírita – Papéis velhos e histórias de luz*. Rio de Janeiro: Edições Léon Denis, 2005.

XAVIER, Francisco Cândido; SOUZA, Cezar Carneiro de (Org.). *Militares com Jesus*. Por espíritos diversos. Belo Horizonte: Vinha de Luz Editora, 2013.

XAVIER, Francisco Cândido; JOVIANO, Wanda Amorim (Org.). *Militares no Além*. Por espíritos diversos. Belo Horizonte: Vinha de Luz, 2008.

XAVIER, Francisco Cândido; WEGUELIN, João Marcos (Org) *Obras da fé*. Por espíritos diversos. Vinha de Luz Editora, 2014.

XAVIER, Francisco Cândido. *Palavras do Infinito*. Por espíritos diversos. Rio de Janeiro: LAKE, 1936.

XAVIER, Francisco Cândido; WEGUELIN, João Marcos (Org.) *Palavras sublimes*. Por espíritos diversos. Belo Horizonte: Vinha de Luz, 2014.

XAVIER, Francisco Cândido. *Parnaso de além-túmulo*. Por espíritos diversos. 16. ed. Rio de Janeiro: FEB, 2002.

XAVIER, Francisco Cândido; MARQUES, Braz José (Org.). *Pérolas de sabedoria*. Pelo espírito Neio Lúcio. Belo Horizonte: Vinha de Luz Editora, 2014.

XAVIER, Francisco Cândido; SANTOS, Eugênio Eustáquio (Org.). *Registros imortais*. Por espíritos diversos. Belo Horizonte: Vinha de Luz Editora, 2013.

XAVIER, Francisco Cândido; JOVIANO, Wanda Amorim (Org.). *Sementeira de luz*. Pelo espírito Neio Lúcio. 4. ed. Belo Horizonte: Vinha de Luz Editora, 2012.

XAVIER, Francisco Cândido; JOVIANO, Wanda Amorim (Org.). *Sementeira de paz*. Pelo espírito Neio Lúcio. Belo Horizonte: Vinha de Luz Editora, 2010.

XAVIER, Francisco Cândido. *Verdade e amor*. Por espíritos diversos. Brasília: FEB/CEU, 2015

XAVIER, Francisco Cândido. *Voltei*. Pelo espírito Irmão Jacob. Rio de Janeiro: FEB, 1949.

WEGUELIN, João Marcos. Solidariedade na gripe. *In*: JORNAL ESPÍRITA, São Paulo, Julho de 2000.

# NAÇÃO BRASILEIRA

Ano XIV — N° 109
Novembro de 1936

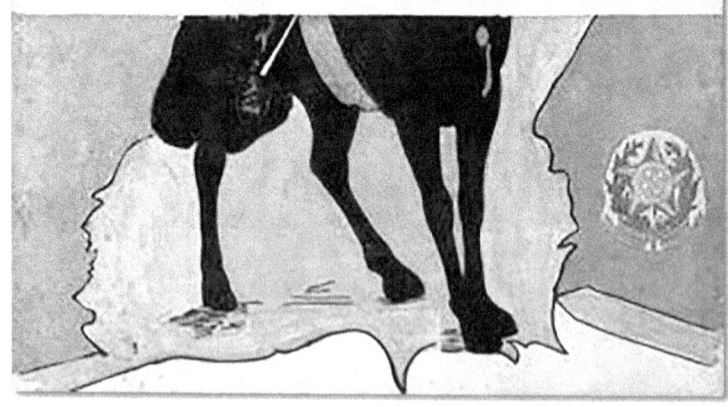

# O médium de Pedro Leopoldo

Francisco Cândido Xavier, o famoso médium Chico Xavier, de Pedro Leopoldo, já vulgarizado pela imprensa do país e que se celebrizou sobretudo com as comunicações que psicografou de Humberto de Campos, concedeu ao nosso diretor Dr. Alfredo Horcades, três dos seus mais recentes trabalhos, nos quais se sente nítido o estilo dos espíritos que o assinam tão perfeito quanto as suas produções feitas neste mundo.

Antero de Quental, Augusto dos Anjos e Nilo Peçanha falam-nos do além túmulo como se entre nós estivessem.

Chico Xavier, que vive em Pedro Leopoldo na maior simplicidade, é o privilegiado conversador com os notáveis poetas e estadistas que entre nós viveram e já tem deles coletâneas públicas, cujas edições têm-se esgotado, sem que do seu lucro ele aufira a menor quantia. Vive pobre e não pretende glórias para o que reproduz, o que ele faz, como acredita, por mera concessão de Deus.

Eis as magníficas comunicações a que nos referimos:

## O Monstro

(Soneto recebido pelo médium Francisco Cândido Xavier, em Pedro Leopoldo)[1]

Vi um monstro pairando sobre a Terra,
Como um corvo de garras infinitas,
Cobrindo multidões tristes e aflitas,
Visão de luto e lágrimas que aterra.

Vi-o de vale em vale, serra em serra
E disse: – "Quem é tu que abres e excita
Os pavores e as cóleras malditas?"
E o mostro respondeu: "Eu sou a guerra"!

Não há forças no mundo que me domem,
Sou o retrato fiel do próprio homem
Que destrói, luta e mata e vocifera...

Venho das trevas densas, das voragens,
Dos abismos de dor e de carnagem,
Para mostrar ao homem que ele é fera..."

**Antero de Quental**

---

[1] A mensagem consta do livro *Lira imortal*, de Chico Xavier, por espíritos diversos (Livraria Allan Kardec Editora - LAKE, 1939, [s.d.t.]).

## Soneto

(Poesia recebida pelo médium Francisco Cândido Xavier, em Pedro Leopoldo)

No surto louco nos iconoclastas,
Em fúria ignota, horrífera, suprema,
Matei em mim as ilusões mais castas,
Como se espreme o pus de uma apostema.
Andei no mundo arremessando as hastas
De uma idiossincrasia atra e extrema,
Dor que me trouxe as dores mais nefastas,
Minha horrorosa e trágica alçaprema.

Vida de pobre célula tarada
De uma genealogia envenenada,
Em que acha o "morbus" pabulo profundo;

Só a morte absolveu minh'alma escrava,
Morte que para mim representava
O espasmo tenesmódico do mundo.

**Augusto dos Anjos**

Novembro de 1936

# De Nilo Peçanha

Se é certo que, fisicamente, todas as nações representam em si o patrimônio comum da Humanidade, eliminando-se o sentimento dos regionalismos injustificáveis, em virtude do laço de fraternidade que une todas as criaturas ante a vontade soberana de Deus, é certo igualmente, que determinadas coletividades, mesmo no plano espiritual, colaborem em favor do progresso dos núcleos humanos a que se sentem escravizadas pelos mais santos laços afetivos, no complexo grandioso das afinidades raciais. Não poderão portanto constituir nenhuma surpresa os nossos propósitos de personalidades desencarnadas, tentando imprimir um novo surto ao pensamento da evolução do povo brasileiro, concitando todos aqueles que se encontram nos bastidores da política administrativa à solução dos nossos problemas de ordem econômica e social.

Colaboramos, sim, com todos, não obstante as condições de invisibilidade de nossa ação, procurando influenciar na esfera de nossas possibilidades relativas, em prol da solução objetiva das grandes questões que assoberbem a nacionalidade. Mais que nunca necessita o Brasil voltar-se para o estudo, para a necessária análise do seu infinito reservatório de economias, abandonado por aqueles a quem compete um estudo metodizado de um plano amplo de ação em favor das nossas realidades, genuinamente nossas, extremes de qualquer atuação estrangeira. Observando-se os nossos institutos políticos e econômicos, reconhecemos que quase nada adiantamos além das cópias das normas que nos ofereciam outros povos, dentro de sua existência coletiva, radicalmente diversa da nossa, em suas modalidades multiformes. Nas questões do direito, da administração, dos regulamentos, nada temos feito que adaptar e más adaptações de tudo quanto observamos nos outros. Seria preciso criarmos um largo movimento de brasilidade, não para a arte balofa dos dias atuais que aí corre de bandeirolas ao vento, proclamando nossas ridicularias indígenas, mas um sentimento essencialmente brasileiro, saturado de nossas realidades e necessidades inadiáveis.

Infelizmente, tivemos sempre a fraqueza de nos apaixonarmos pelas teorias sonoras, acalentando os homens palavrosos, conduzindo-os aos poderes públicos, endeusando-os, incensando-os com a nossa injustificável admiração, olvidando os homens da ação, da energia, que aí vivem isolados, corridos dos gabinetes da administração nacional, em virtude de sua inadaptabilidade às lutas da política do oportunismo e das longas fileiras do afilhadismo que vem construindo a mais dolorosa das calamidades públicas no Brasil. Precisávamos para a solução de nossos problemas mais urgentes, não de copiar artigos e regras burocráticas, mas firmar pensamentos construtores, que renovassem os nossos institutos de ordem social e política, hoje seriamente ameaçados em suas bases, justamente pelo descaso e inércia com que observamos as exposições das teorias falsas e errôneas para esfera do governo, as quais, infiltrando-se no âmago das coletividades, preparam os surtos dos armamentos.

Nem sempre liberdade significa prosperidade. Dar-se muitas liberdades a um povo que se ressente de necessidades gravíssimas, inconsciente ainda de suas responsabilidades, falando-se de um modo geral, é fornecer armas perigosas para a destruição da vida desse mesmo povo. No Brasil, sobram as regalias políticas e as liberdades públicas. Tudo requer ordem e método. As coletividades brasileiras fazem mais questão de direito da higiene, do conforto necessário, do pão e da escola, que de direito irrisório de voto, dentro das lutas de classe no ambiente viciado dos partidos.

O povo brasileiro tem colhido inúmeras ilusões nas experiências coletivas, conquistadas, muitas vezes, à força de sangue, nos seus deploráveis movimentos revolucionários. Revolução implica em si, destruição de tudo quanto está feito. Mais prudente seria que pudéssemos observar constantemente a evolução geral, conseguindo norteá-la para um caminho de benefícios generalizados para a coletividade. Infelizmente esses movimentos em nosso país, objetivam unicamente o individualismo dos políticos ambiciosos e a hegemonia dos estados, em detrimento das outras unidades da federação. Movimentos revolucionários em nossa terra representam lutas dolorosas, onde as ações ficam encerradas nas palavras das praças públicas, onde as massas sofredoras e anônimas guardam os mesmos enganos de sempre. Seria ideal que os brasileiros se unissem para cruzada bendita do soerguimento da nacionalidade, conscientes de seu valor próprio, prescindindo das influências estrangeiras, realizando, construindo a pátria de amanhã, cujo futuro promissor constitui uma larga esperança para a Humanidade. Do próprio Nordeste, cheio de flagelados e desiludidos, poderia se fazer um oásis. Aí temos os homens dos pensamentos e da ação, realizadores, práticos, corajosos, que atacariam de pronto, os problemas mais fortes de nossa economia, preservando-a, metodizando-a para o bem estar da nação, mas onde se conservam essas criaturas do sentimento e do raciocínio que as melhores capacidades caracterizam? Justamente, quase todos, por nossa infelicidade, se conservam afastados da paixão política que empolga a generalidade dos nossos homens públicos; com algumas exceções, a nossa política administrativa, infelizmente, está cheia daqueles que apenas se aproveitam da situação, para os favores pessoais e para as condenáveis pretensões dos indivíduos.

O sentimento da solidariedade das classes, do amparo social, que deveriam constituir as vigas mestras de um instituto de governo, são relegados para um plano inferior, a fim de que se saliente o partido, a pretensão, o chefe, a figura centralizadora de cada um, em desprestígio de todos.

É nessa orientação nociva que vem se derivando o mal estar das classes produtoras e proletárias, no Brasil, predispondo-as a um estado de incompreensão altamente prejudicial à execução dos programas econômicos e políticos. E daí a necessidade de uma compreensão mais profunda por parte do governo que deverá rebuscar no cadinho das análises minuciosas os menores problemas das classes, para resolvê-los, antes que elas, perigosamente, se abalancem a resolver por si mesmas.

Nesse trabalho de orientar os nossos homens de governo, estamos todos nós empenhados, todos os que, do plano espiritual, não obstante a ausência da indumentária carnal, vivem pugnando por um Brasil mais forte, mais unido e mais feliz.

## Nilo Peçanha

8 de maio de 1936 [1]

---

[1] Consta do original: "*Mensagem recebida pelo médium F. Xavier, em P. Leopoldo, no dia 8.5.36*". Compõe o livro *Palavras do Infinito*, de Chico Xavier, por espíritos diversos (LAKE, 1936, [s.d.t.]).

# O MONUMENTO AO GRANDE CHANCELLER

# A NAÇÃO

Director — PEDRO VERGARA

NUMERO DE HOJE NO RIO E EM NICTHEROY: 100 réis

## E' O MELHOR DO MUNDO O ESTADO SANITARIO DOS REBANHOS DO RIO GRANDE DO SUL

Declarações do sr. Di Primo Beck, secretario da Agricultura e presidente da Federação Rural daquelle Estado

**Um balanço da actividade da Camara dos Deputados durante a convocação extraordinaria**

Inaugurando auspiciosa praxe, o sr. Carlos Luz prestou hontem informações á imprensa sobre a actividade do leader interino da maioria mez e meio

### PARA EXPERIENCIA DO VOLANTE

As justificaveis exigencias da L. de Trafego para o concessão de carteiras profissionaes

**Anniversario da morte do rei Alberto**

**Regressou Lloyd George**

**A assembléa de Ankara adiou os trabalhos**

**TUNEL INTERNACIONAL**

## VARNHAGEN
Lançada a pedra fundamental do seu monumento

**Rearmamento**

**Electrificação da Central**

**MINISTRO DO BRASIL na Bolivia**

**O momentoso caso do café**

Reanimou-se, hontem, a mercado deante das providencias adoptadas Ás demarches desenvolvidas pelo M. da Fazenda

### GRAVE AMEAÇA

**TESOURA & GOMMA**

# NAS FRONTEIRAS DO OUTRO MUNDO

Sensacional comunicação mediúnica dada pelo espírito de Nilo Peçanha e recebida pelo médium Chico Xavier no Estado de Minas

O conhecido médium Chico Xavier, recebeu no dia 14 do corrente, em Belo Horizonte, a comunicação abaixo transmitida psicograficamente pelo espírito de Nilo Peçanha.

"Aproveito o ensejo ainda uma vez para dirigir uma palavra ao Brasil, diante de algumas centenas de brasileiros, conscientes de seus deveres cristãos e de suas obrigações sociais dentro da pátria generosa e evangélica.

### A Sucessão Presidencial

Concitamos os velhos companheiros da política administrativa, às mentalidades de todos os tempos para trabalharem em patriotismo comum e elevado pela grandeza cada vez maior de nossa pátria.

Aproximam-se os dias da sucessão presidencial e seria útil que todas as energias brasileiras se congraçassem numa iniciativa pacificadora e construtiva.

## O Que O Brasil Precisa

O Brasil precisa que os seus políticos voltem os olhos para o confucionismo que se estabelece em todos os núcleos culturais do país. Conciliem-se os interesses comuns da pátria, e fomente-se as realizações consternadoras.

O Brasil está fadado a representar para o mundo inteiro uma nova terra prometida, onde a fraternidade não será uma utopia de filósofos.

Fiquemos dentro do nosso elevado ideal de um Brasil forte, feliz e cristão, onde a fraternidade será a lei para todos os códigos, sob a proteção misericordiosa de Jesus.

A atualidade deve ser de construção e de serenidade política, nas grandes linhas do princípio democrático.

### Nilo Peçanha

18 de fevereiro de 1937

EDIÇÃO ESPECIAL

## CHICO XAVIER — O PRIMEIRO LIVRO

Vinte anos antes de sua desencarnação, Chico Xavier revelou que sempre guardou no íntimo o desejo de publicar as belas produções mediúnicas que os amigos espirituais escreviam por seu intermédio, nos idos dos anos 20. Curiosamente, Chico confeccionava, com suas próprias mãos e com grande esforço, alguns exemplares com a finalidade de despertar os amigos para a possibilidade de um livro. Em face da pobreza material com a qual vivia, ao médium restava a esperança de que algum desses amigos se interessasse pelo tema e, talvez, movimentasse os recursos necessários para uma publicação. De suas primeiras produções manuais, contendo, inclusive, a sua sensibilidade artística no desenho e na ilustração das mensagens, Chico conseguiu guardar durante toda a sua vida um único exemplar, que ao final de sua existência terrena entregou ao seu sobrinho-neto, Sérgio Luiz Ferreira Gonçalves, que no-lo apresentou para a devida divulgação. Esse é então, de fato e de direito, o primeiro livro de Chico Xavier, que a Vinha de Luz Editora da Casa de Chico Xavier de Pedro Leopoldo trouxe a lume, com a alegria de presentear o amado amigo Chico com a edição de seu *primeiro livro* no ano de 2010, ano de seu centenário de nascimento.

**ESPÍRITOS DIVERSOS**
**PSICOGRAFIA DE FRANCISCO CÂNDIDO XAVIER**
**ORGANIZAÇÃO DE GERALDO LEMOS NETO E SÉRGIO LUIZ FERREIRA GONÇALVES**

## DEUS CONOSCO

*Deus conosco* é o livro que dá sequência às revelações espirituais inéditas da psicografia de Francisco Cândido Xavier, trazidas a lume pela prestimosa organização de Wanda Amorim Joviano, com a colaboração de Geraldo Lemos Neto. As mensagens, recebidas em sua maioria no culto doméstico do Evangelho no lar da família Joviano, nas décadas de 30 a 50, na Fazenda Modelo, em Pedro Leopoldo | MG, são de autoria de Emmanuel, o espírito responsável pela materialização da extensa bibliografia que tanto esclarecimento e consolação verteram da Vida Maior para a face da Terra, através das abnegadas mãos de Chico Xavier. Deus conosco nos traz de volta ao convívio os memoráveis discípulos do Cristo, ligados desde priscas eras, cuja missão foi a da revivescência do Cristianismo puro e simples dos tempos apostólicos, no coração humilde e generoso das terras pacíficas do Brasil.

**PELO ESPÍRITO EMMANUEL**
**PSICOGRAFIA DE FRANCISCO CÂNDIDO XAVIER**
**ORGANIZAÇÃO DE WANDA AMORIM JOVIANO E GERALDO LEMOS NETO**

# ILUMINURAS

ILUMINURAS é a primeira publicação de bolso da Vinha de Luz Editora. É composta de pensamentos e frases extraídos do livro *Deus conosco*, do venerável espírito Emmanuel, psicografado por Francisco Cândido Xavier nas décadas de 30 a 50, durante o culto cristão no lar do Dr. Rômulo Joviano, na Fazenda Modelo, em Pedro Leopoldo | MG. A riqueza dos ensinamentos evangélicos apresentados na obra fala por si só e atesta o amparo de nosso Senhor Jesus Cristo à divulgação da Doutrina Espírita, codificada pelo apóstolo Allan Kardec.

PELO ESPÍRITO EMMANUEL
PSICOGRAFIA DE FRANCISCO CÂNDIDO XAVIER
ORGANIZAÇÃO DE CEZAR CARNEIRO DE SOUZA

# SEMENTEIRA DE LUZ

Voltando à Terra no século XIX, Neio Lúcio encarna a personalidade de Arthur Joviano, cujo núcleo familiar, em missão redentora de um passado longínquo, conta com as presenças de personagens descritos nos romances *50 anos depois* e *Renúncia*. Desprendido em 1934, Neio Lúcio inicia sua comunicação com a família, através da mediunidade de Chico Xavier, em reuniões semanais de culto evangélico na casa de Rômulo Joviano, em Pedro Leopoldo | MG. As mensagens, repletas de sabedoria e amor extremado por todos aqueles com os quais conviveu, são bem a confirmação dos compromissos reparadores que assumimos na Espiritualidade, alicerçados nos ensinamentos de Jesus para nos tornarmos legítimos semeadores da Boa Nova.

PELO ESPÍRITO NEIO LÚCIO
PSICOGRAFIA DE FRANCISCO CÂNDIDO XAVIER
ORGANIZAÇÃO DE WANDA AMORIM JOVIANO

## SEMENTEIRA DE PAZ

Volume que dá sequência ao roteiro de revelações espirituais do espírito Neio Lúcio, que em última romagem terrena envergou a personalidade de Arthur Joviano, pai de Dr. Rômulo Joviano, diretor da Fazenda Modelo em Pedro Leopoldo | MG, onde Chico Xavier trabalhou por largos anos. As mensagens nele contidas surgiram espontaneamente pela psicografia de Chico Xavier a partir de 1935, na residência da família Joviano, na própria Fazenda Modelo, durante o culto do Evangelho no lar do *Grupo Doméstico Arthur Joviano*, a que Chico prazerosamente se dirigia depois de findos os seus trabalhos diuturnos, dando a *Deus o que é de Deus* após dar a *César o que é de César*. Recebidas por Chico Xavier de 1946 a 1948, as mensagens de Neio Lúcio foram batizadas de SEMENTEIRA DE PAZ, sendo esse novo livro, organizado por Wanda Joviano, dedicado ao centenário de nascimento de Chico Xavier (1910-2010), o *medianeiro do amor*.

PELO ESPÍRITO NEIO LÚCIO
PSICOGRAFIA DE FRANCISCO CÂNDIDO XAVIER
ORGANIZAÇÃO DE WANDA AMORIM JOVIANO

## COLHEITA DO BEM

A autoria deste livro pertence ao professor Arthur Joviano, o estimado benfeitor espiritual que todos nós conhecemos com o nome de Neio Lúcio, personagem do romance *50 anos depois*, de quem recebemos valiosos ensinamentos dirigidos ao espírito imortal que vai vencer a morte e transpor os séculos. Chico Xavier psicografou as mensagens do livro durante o culto do Evangelho no lar da família Joviano, na Fazenda Modelo em Pedro Leopoldo, onde trabalhava. No *Colheita do bem* estão as páginas recebidas nos anos de 1949 a 1952, sendo, portanto, as últimas psicografadas na Fazenda Modelo, uma vez que em 1952 a família Joviano transferiu definitivamente sua residência para a cidade do Rio de Janeiro. *Colheita do bem* finaliza a série iniciada com o livro *Sementeira de luz*, seguido pelo *Sementeira de paz* — formando uma verdadeira trilogia da luz, da paz e do bem maior, que a todos nos une no carreiro da evolução espiritual para Deus.

PELO ESPÍRITO NEIO LÚCIO
PSICOGRAFIA DE FRANCISCO CÂNDIDO XAVIER
ORGANIZAÇÃO DE WANDA AMORIM JOVIANO

## PÉROLAS DE SABEDORIA

Compulsados do livro *Sementeira de luz*, organizado por Wanda Amorim Joviano, as frases e os textos apresentados no livro *Pérolas de sabedoria* foram coletados e reunidos por Braz José Marques com o propósito de engrandecer o aprendizado de todos nós nos estudos evangélicos do dia a dia. As pérolas da Espiritualidade — aqui incrustadas na condição de joias valiosas — são fundamentais para o esclarecimento daqueles que delas se valerem, expositores ou não da Doutrina Espírita.

PELO ESPÍRITO NEIO LÚCIO
PSICOGRAFIA DE FRANCISCO CÂNDIDO XAVIER
ORGANIZAÇÃO DE BRAZ JOSÉ MARQUES

## INSTRUÇÕES PARA A VIDA

INSTRUÇÕES PARA A VIDA é composto de frases e textos compulsados da obra *Sementeira de luz*, organizada por Wanda Amorim Joviano, com mensagens do venerando espírito Neio Lúcio, psicografadas por Chico Xavier nas décadas de 30 e 40 no culto no lar do Dr. Rômulo Joviano na Fazenda Modelo, em Pedro Leopoldo, Minas Gerais. São belas lições que propiciam o nosso encontro com o divino amigo Jesus para a conquista da luz e da paz em favor de nossos espíritos rumo às moradas sublimes.

PELO ESPÍRITO NEIO LÚCIO
PSICOGRAFIA DE FRANCISCO CÂNDIDO XAVIER
ORGANIZAÇÃO DE CEZAR CARNEIRO DE SOUZA

## Militares no Além

Dentre os tesouros guardados por Wanda Amorim Joviano, MILITARES NO ALÉM, da lavra de Chico Xavier nos anos de 36 a 52, no mínimo surpreende pela atualidade das mensagens em torno da paz que a humanidade do século XXI tanto anseia. Fruto da sua ingente dedicação no desdobre das tarefas mediúnicas no culto do lar realizado durante muitos anos pelo *Grupo Doméstico Arthur Joviano*, na Fazenda Modelo, em Pedro Leopoldo | MG, esse livro relata, na perspectiva espiritual de muitos servidores da pátria, a realidade consoladora do *outro lado*, onde o trabalho pelo bem não cessa e a esperança é sentimento que inspira a vitória do amor preconizado por Jesus.

Espíritos Diversos
Psicografia de Francisco Cândido Xavier
Organização de Wanda Amorim Joviano

## Militares com Jesus

As lições deste livro são de autoria de respeitáveis espíritos que passaram pela Terra na difícil experiência como militares. Portadores de grandes responsabilidades no dever, na disciplina, sobretudo integrados na justiça, propugnam, com amor, pela paz e pela felicidade dos povos, e do Brasil como pátria do Evangelho de nosso Senhor Jesus Cristo. São fragmentos extraídos do livro *Militares no Além*, psicografado por Francisco Cândido Xavier no período de 1936 a 1952 em Pedro Leopoldo, Minas Gerais, selecionados e organizados no presente volume como valiosos ensinamentos dos benfeitores da Vida Maior.

Espíritos Diversos
Psicografia de Francisco Cândido Xavier
Organização de Cezar Carneiro de Souza

## Palavras Sublimes

A partir de 1930, a história de Chico Xavier começou a ser contada pelas páginas de *Reformador*, a mais antiga publicação voltada para a divulgação do Espiritismo no Brasil. Esse livro traz mensagens de Chico Xavier localizadas em suas edições de 1933 a 1950, psicografias assinadas por espíritos de vulto, como Emmanuel, Humberto de Campos, Bittencourt Sampaio, Abel Gomes, dentre outros, sendo este mais um título da bibliografia do médium mineiro que a Vinha de Luz Editora traz a lume, com a organização do jornalista João Marcos Weguelin, para a preservação da vida e da obra do maior brasileiro de todos os tempos.

**Espíritos Diversos**
**Psicografia de Francisco Cândido Xavier**
**Organização de João Marcos Weguelin**

## Cartas do Alto

A obra contempla, e complementa, o que há de melhor na psicografia de Chico Xavier. Aqui estão o seu benfeitor Emmanuel e os amigos espirituais que o acompanharam ao longo de décadas. Entre os poetas, Augusto dos Anjos, Cruz e Souza, Olavo Bilac, Castro Alves, e muitos outros deixaram seus versos. Não faltaram as prosas elucidativas e instigantes de André Luiz e de Irmão X, além de textos doutrinários de Bezerra de Menezes, Bittencourt Sampaio e Eurípedes Barsanulfo, num compêndio de conteúdo para profundos estudos, que proporcionarão valioso aprendizado e oportunas reflexões. Esse trabalho é, para a Vinha de Luz Editora, uma conquista bastante significativa, pois encerra um ciclo de pesquisas em *Reformador*, a revista espírita mais antiga em circulação no país e no mundo. E estimula o empenho e a responsabilidade de continuar buscando em dezenas de outras publicações as mensagens que o maior médium de todos os tempos espalhou por toda a imprensa em 75 anos de tarefa psicográfica e também por todos os lugares por onde passou.

**Espíritos Diversos**
**Psicografia de Francisco Cândido Xavier**
**Organização de João Marcos Weguelin**

## DEPOIS DA TRAVESSIA

Mais um volume da psicografia inédita de Chico Xavier. A primeira parte é originária da fase do médium em Pedro Leopoldo, na Fazenda Modelo, na qual, após o serviço, frequentou o culto do Evangelho no lar do *Grupo Doméstico Arthur Joviano*, levado a efeito, semanalmente, pela família de Dr. Rômulo Joviano. Já a segunda parte é fruto da última fase da psicografia do médium em Uberaba, onde, nas sessões públicas do Grupo Espírita da Prece, recebeu o espírito da irmã, D. Luiza Xavier, em diversas oportunidades, a partir de 13 de julho de 1985. Permeando as comoventes mensagens desses espíritos sobre a própria sobrevivência além-túmulo, há fac-símiles de mensagens de Emmanuel e de Bezerra de Menezes, fotografias e escritos inéditos de Chico Xavier ilustrando as épocas e as personalidades citadas. A obra é instrutivo volume contendo valiosas informações sobre a vida espiritual depois da travessia dos umbrais da morte do corpo físico, a induzir-nos o espírito distraído no mundo a uma mais ampla reflexão sobre a imortalidade, patenteando-se-nos a real significação das palavras de Jesus, nosso Senhor e Mestre: "A cada um será dado segundo as próprias obras".

ESPÍRITOS DIVERSOS
PSICOGRAFIA DE FRANCISCO CÂNDIDO XAVIER
ORGANIZAÇÃO DE GERALDO LEMOS NETO E WANDA AMORIM JOVIANO

## CHICO XAVIER —
### A AURORA DE UMA VIDA ENTRE O CÉU E A TERRA

As mensagens aqui apresentadas foram psicografadas por Chico Xavier e publicadas no jornal espírita *Aurora*, dirigido por Inácio Bittencourt, entre julho de 1928 e abril de 1933. Nesses primeiros anos, Chico era ainda muito jovem, não sabia quem eram os espíritos que se comunicavam por meio dele, e era praticamente desconhecido fora das terras mineiras. A lucidez do jovem Chico Xavier ao comentar, ele mesmo, alguns trechos doutrinários sobre os postulados espíritas surpreende e seja em verso ou em prosa, sobre os mais variados temas, o leitor encontrará nesse livro preciosas lições de vida, ora nos ensinando a aceitar e a bendizer o sofrimento e as provas diárias, ora nos ensinando a viver uma vida verdadeiramente cristã e espírita, mostrando, por fim, quão breve é a existência terrena perante a eternidade do tempo.

ESPÍRITOS DIVERSOS
PSICOGRAFIA DE FRANCISCO CÂNDIDO XAVIER
ORGANIZAÇÃO DE JOÃO MARCOS WEGUELIN

## LIÇÕES PARA ANGELITA

Quando Chico Xavier tinha apenas 20 anos, dois personagens importantes surgiram para marcar a sua vida: a menina Angelita e sua mãe extremosa. Esse livro contém vinte mensagens repletas de ensinamentos preciosos, repassados de mãe para filha a partir do dia a dia que ambas vivenciam, e também das perguntas que a menina faz sobre os mais diversos temas acerca da existência. São lições para todas as pessoas. A receita segura para a construção do homem de bem – meta que todos nós devemos buscar.

PELO ESPÍRITO JOÃO DE DEUS
PSICOGRAFIA DE FRANCISCO CÂNDIDO XAVIER
ORGANIZAÇÃO DE JOÃO MARCOS WEGUELIN

## OBRAS DA FÉ

A Vinha de Luz tem como missão maior a publicação e a divulgação de obras inéditas da lavra mediúnica de Francisco Cândido Xavier. Esse lançamento comemora seus 10 anos de trabalho e traz para o leitor uma seleção de mensagens de espíritos diversos, psicografadas pelo maior médium de todos os tempos, publicadas em 14 livros lançados por ela na última década. São mensagens de bênçãos. Uma obra de fé, que testifica a grandeza do compromisso para com a Doutrina dos Espíritos e para com o Evangelho do Cristo, respondendo ao chamado da tarefa abençoada com o livro espírita e com a preservação e a difusão da vida e da obra de Chico Xavier no Brasil e no mundo.

ESPÍRITOS DIVERSOS
PSICOGRAFIA DE FRANCISCO CÂNDIDO XAVIER
ORGANIZAÇÃO DE JOÃO MARCOS WEGUELIN

## REGISTROS IMORTAIS

*Registros imortais* resgata para a história da Doutrina Espírita o trabalho de desobsessão e de esclarecimento aos desencarnados levado a efeito no Centro Espírita Meimei, fundado por Chico Xavier na Pedro Leopoldo dos anos 50. Por meio da psicofonia, Chico Xavier e diversos outros médiuns receberam mensagens da Vida Maior assinadas por espíritos sofredores e em evolução, em cujo cerne encontramos o Evangelho de Jesus como alicerce seguro para a vida imortal. Complementando as obras *Instruções psicofônicas* e *Vozes do Grande Além*, editadas pela Federação Espírita Brasileira em 1955 e 1957, respectivamente, esse livro é mais um documento importante para o Espiritismo no Brasil e no mundo, testificando a ingente capacidade mediúnica e caritativa do maior médium de todos os tempos e a valiosa contribuição de todos aqueles que com ele conviveram nessas tarefas consoladoras.

ESPÍRITOS DIVERSOS
PSICOFONIA DE FRANCISCO CÂNDIDO XAVIER
ORGANIZAÇÃO DE EUGÊNIO EUSTÁQUIO DOS SANTOS

## VIAJANTES —
### A ESPIRITUALIDADE ILUMINANDO SUA MENTE E SEU CORAÇÃO ATRAVÉS DE CHICO XAVIER

Primeiro audiolivro da Vinha de Luz Editora, que reúne 20 mensagens de espíritos diversos, psicografadas por Chico Xavier ao longo de seus 75 anos de labor mediúnico. Com um sugestivo título-tema e trilha sonora de rara beleza, VIAJANTES, organizado e interpretado por Fernando Peron, é um incentivo ao estudo sério e aprofundado de tão extraordinário patrimônio filosófico, científico e religioso legado a nós pelas mãos operosas e abençoadas de Chico Xavier.

ESPÍRITOS DIVERSOS
PSICOGRAFIA DE FRANCISCO CÂNDIDO XAVIER
ORGANIZAÇÃO E INTERPRETAÇÃO DE FERNANDO PERON

## A SAUDADE É O METRO DO AMOR

Apresentação das seis comunicações mediúnicas de Clóvis Tavares por meio de Chico Xavier, com quem mantinha uma relação de amizade que não pode ser medida pelos padrões humanos. Na intimidade do lar, Clóvis sempre declarou que só se comunicaria mediunicamente através de Chico. Sua família manteve a fidelidade de sua amizade e reconhece nas cartas espirituais a integridade de sua personalidade. Que a obra possa transmitir a você, leitor, o valor doutrinário dessas comunicações, que não se resumem a cartas domésticas, mas a diretrizes para a vida.

PELO ESPÍRITO CLÓVIS TAVARES
PSICOGRAFIA DE FRANCISCO CÂNDIDO XAVIER
ORGANIZAÇÃO DE FLÁVIO MUSSA TAVARES

## LUZ NA ESCOLA —
### CHICO XAVIER NA ESCOLA JESUS CRISTO DE CAMPOS | RJ

Esse é um livro de Francisco Cândido Xavier, com mensagens psicografadas por ele durante visita de quatro dias à Escola Jesus Cristo, em Campos | RJ, em 1940. Contém comentários de seu organizador, Clóvis Tavares, testemunha ocular de todos os fenômenos ali ocorridos. Os textos desse volume representam uma reedição da sua primeira, pequena, única e esgotada edição, feita também em 1940, publicação de caráter doméstico da Escola Jesus Cristo, agora reeditada pela Vinha de Luz, que desempenha hoje um papel ímpar no resgate histórico da produção mediúnica de Chico Xavier.

ESPÍRITOS DIVERSOS
PSICOGRAFIA DE FRANCISCO CÂNDIDO XAVIER
ORGANIZAÇÃO DE CLÓVIS TAVARES E FLÁVIO MUSSA TAVARES

## CHIQUITO

CHIQUITO, da autora portuguesa Julieta Marques, conta um pouco da vida de Chico Xavier em linguagem acessível e direta, num convite ao amor, à humildade e à disciplina exemplificados pelo *médium do século*. Totalmente ilustrado, CHIQUITO é o segundo título da Vinha de Luz Editora voltado à evangelização infantil, que atende, sem dúvida alguma, às *crianças de todas as idades*.

**JULIETA MARQUES**

## PEDRO LEOPOLDO VISTA POR CHICO XAVIER — 1910 | 1959
### 49 ANOS DA PRESENÇA DO MAIOR MÉDIUM DE TODOS OS TEMPOS

O que o menino, o jovem e o adulto Chico Xavier vislumbrou em seus primeiros anos de experiências humanas e durante o desabrochar de suas faculdades mediúnicas a serviço do Cristo e da Doutrina dos Espíritos? O que teria o seu cândido olhar registrado pela retina da convivência e da saudade? Esse livro reúne extenso material inédito sobre o maior médium de todos os tempos, com fotografias e documentos recuperados, classificados e arquivados pelo memorialista pedroleopoldense Geraldo Leão, do Arquivo Geraldo Leão, e por Geraldo Lemos Neto, da Casa de Chico Xavier, que retratam principalmente o ambiente socioeconômico e cultural de Pedro Leopoldo dentro do período em que Chico Xavier lá residiu, desde o berço, em 1910, até a sua mudança definitiva para Uberaba, em 1959.

**GERALDO LEÃO E GERALDO LEMOS NETO**

## O VOO DA GARÇA —
### CHICO XAVIER EM PEDRO LEOPOLDO | 1910-1959

Esse trabalho histórico, do pesquisador pedroleopoldense Jhon Harley, que conviveu por 21 anos com Chico Xavier, é mais uma contribuição para compreender a figura humana do médium mineiro. Utilizando instrumentos e orientações do campo da História, principalmente no que diz respeito ao uso e à interpretação das fontes orais, escritas e iconográficas disponíveis, o autor transitou entre o acadêmico e o poético, fazendo uma analogia entre uma revoada de garças, ocorrida em 2 de abril de 1910, e a permanência de uma delas entre nós.

JHON HARLEY

## NAS TRILHAS DA GARÇA —
### CHICO XAVIER NAS MINAS GERAIS

Dando continuidade ao seu trabalho de pesquisador, o pedroleopoldense Jhon Harley, utilizando instrumentos e orientações do campo da História, identificou algumas das "trilhas" percorridas por Chico Xavier nas Minas Gerais, principalmente em Uberaba. Mesmo tendo asas, essa "garça", vivendo a sua humanidade, manteve-se com os pés no chão, de bem com a vida, com os homens e consigo mesma. Para o autor, na perspectiva histórica em que a pesquisa se desenvolve, não é um simples gesto que transforma a sociedade em que vivemos, mas a coerência entre o falar e o agir de uma pessoa, associada ao seu poder de mobilização, é que gera uma ação coletiva de proporções inimagináveis. Chico Xavier foi uma dessas pessoas transformadoras. Por isso destaca, parafraseando o biógrafo uberabense Carlos Baccelli, que Chico não foi um anjo exercendo o papel de um homem, mas um homem, do mundo e no mundo, exercendo o papel de um anjo.

JHON HARLEY

## CHICO XAVIER —
### O MÉDIUM DOS PÉS DESCALÇOS

Chico Xavier foi, durante toda a sua vida, a personificação do bem, do amor ao próximo e da humildade. Nesse livro, Carlos Baccelli relata casos pessoais em torno do médium mineiro e registra, por meio de cartas que agora torna públicas, sua amizade estreita com o maior representante do Espiritismo no Brasil e no mundo. O autor nos coloca em contato muito próximo com Chico Xavier. É como se estivéssemos frente à frente com ele, numa conversa intimista, repleta de ensinamentos. É quase uma conversa ao pé do ouvido — em que podemos sentir de novo, e mais uma vez, a sua insubstituível presença.

**CARLOS ANTÔNIO BACCELLI**

## CHICO XAVIER COM VOCÊ

Chico, mais que médium, era sábio. Em seus lábios, tanto ecoavam lições dos espíritos amigos quanto ensinamentos de sua própria autoria. Aqui, nessas páginas, garimpando em obras, revistas e periódicos antigos, o autor organizou uma coleção de pérolas que, sem dúvida alguma, não figuram em nenhuma outra coleção do mundo. Por isso, certamente, com esse abençoado livro você estará de posse de um tesouro de valor incalculável. Um tesouro que fará de você uma das pessoas mais ricas entre todos os homens!

**CARLOS A. BACCELLI**

## IGNÁCIO DE ANTIOQUIA
Uma viagem ao tempo da simplicidade e da pureza do Cristianismo, em sua mais bela e genuína expressão. Obra mediúnica repleta de episódios históricos do Cristianismo primitivo, que resgata para a memória da humanidade a vida e a trajetória de um dos seguidores mais valorosos de nosso Senhor Jesus Cristo.

**PELO ESPÍRITO THEOPHORUS**
**PSICOGRAFIA DE GERALDO LEMOS NETO**

## RÉSTIA DE LUZ
Primeiro livro editado pela Vinha de Luz Editora, lançado por ocasião do bicentenário de Allan Kardec (1804|2004) e dos 140 anos da primeira edição de *O Evangelho segundo o Espiritismo* (1864|2004). Traz mensagens recebidas de espíritos diversos, psicografadas pelo médium Geraldo Lemos Neto, que interpretam as lições de *O Evangelho segundo o Espiritismo*, nos indicando os caminhos mais certos da vida no permanente convite de nosso Mestre e Senhor Jesus.

**ESPÍRITOS DIVERSOS**
**PSICOGRAFIA DE GERALDO LEMOS NETO**

## CANDEIA DA ALMA

Volume que dá sequência à coleção de mensagens de espíritos diversos psicografadas por Geraldo Lemos Neto durante os estudos realizados no Centro Espírita Luz, Amor e Caridade de Belo Horizonte, Minas Gerais, entre os anos de 1989 a 1996. Junto do *Réstia de luz*, obra que inaugurou a missão institucional da Vinha de Luz Editora na divulgação da vida e da obra de Chico Xavier, este *Candeia da alma* registra para todos nós os rumos seguros do Evangelho para uma jornada terrestre alicerçada nos ensinamentos de Jesus, nosso Mestre e Senhor.

**ESPÍRITOS DIVERSOS**
**PSICOGRAFIA DE GERALDO LEMOS NETO**
**ORGANIZAÇÃO DE WALÉRIA MACHADO PASCHOAL**

## 2019 — O ÁPICE DA TRANSIÇÃO PLANETÁRIA

Marlene Nobre e Geraldo Lemos Neto reuniram nesse livro as predições de Jesus, os escritos de Allan Kardec e as revelações de Chico Xavier acerca da data-limite do Velho Mundo, advertindo sobre a manutenção da paz na Terra como condição essencial para os bons sucedâneos da atual transição planetária de mundo de expiações e de provas para mundo de regeneração. Como verdadeiro apóstolo do Cristo no planeta, Chico Xavier deixou um legado repleto de ensinamentos, induzindo-nos ao compromisso com a prática legítima do Evangelho de Jesus com a coletividade humana. Cada um de nós tem a liberdade de optar entre o bem e o mal, seguindo o melhor ou o pior caminho. Cabe a cada coração a alternativa da paz ou da guerra. Qual é a sua escolha?

**MARLENE NOBRE E GERALDO LEMOS NETO**

## APOCALIPSE SEGUNDO O ESPIRITISMO —
### UMA PROPOSTA DE ESTUDO

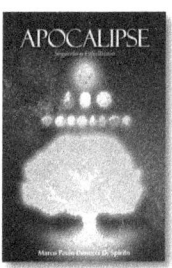

Em virtude da consumação de muitos dos "ais" e do derramamento de grande parte das "taças" do Apocalipse, fomos compelidos a ultimar celeremente esse trabalho em face dos atuais momentos pelos quais passa a humanidade terrestre. O objetivo dessa pesquisa é o de chamar a atenção para o papel do Brasil nos anos vindouros, uma vez que se deve considerar a hipótese de o povo brasileiro acolher irmãos de outras terras em momentos difíceis que se aproximam. O que conseguimos arregimentar por intermédio das abençoadas mãos de Chico Xavier são informações profundas e contundentes para as nossas vidas, e certamente auxiliarão na formação de uma cultura de resignação, renúncia e de vontade empenhada para o atendimento aos desígnios do Pai Maior.

MARCO PAULO DENUCCI DI SPIRITO

## APOCALIPSE — VOLUME II
### O ESPIRITISMO NO CENTRO DA GRANDE REVELAÇÃO

"A humanidade a caminho da luz": este o tema geral do livro de João Evangelista, que, segundo Chico Xavier, reúne previsões sobre eventos de grande interesse para os destinos da Terra. Jesus assegura que a jornada evolutiva conduzirá o homem ao estágio de mundo feliz quando se encontrarão renovadas todas as coisas (Ap 21:5). Quais são os fatos já concretizados e quais os que estão por acontecer? Quais são as advertências e os recados destinados a todas as nações e o que se pede de cada um de nós durante os desafios da transição planetária? Marco Paulo Denucci Di Spirito apresenta respostas fornecidas por comunicações espirituais de todos os tempos e o leitor identificará que o Cristo anunciou a vinda de uma terceira revelação a título de suprema resposta aos desvios na esfera da religiosidade, objetivando estabelecer uma nova cultura no orbe. As vozes dos espíritos se encontram, simbolicamente, destacadas no ápice de cada uma das sete seções que integram o Apocalipse. Abriram-se todos os selos que o mantiveram sob o véu do mistério. O Espiritismo é o roteiro que os desvenda e, de maneira surpreendente, encontra-se previsto no centro do último livro bíblico.

MARCO PAULO DENUCCI DI SPIRITO

# ISABEL —
## A MULHER QUE REINOU COM O CORAÇÃO

Dois dias após psicografar as primeiras das milhares de páginas através das quais o mundo espiritual se comunicou por seu intermédio, Chico Xavier manteve um revelador encontro com uma ilustre senhora que lhe mudaria o curso de vida. Era D. Isabel de Aragão, mais conhecida como Rainha Santa Isabel, a célebre rainha de Portugal, para sempre associada ao milagre da transformação do pão em rosas. Embora em circunstâncias e contextos distintos, ambos experimentaram o poder, a riqueza, a fama e a adoração, contudo optaram por viver uma intensa vida interior feita de humildade, perdão, tolerância, paciência, compaixão e caridade como expressões do amor. Esse trabalho avança para além da vida de Isabel de Aragão, apresentando outras duas figuras históricas: Santa Isabel da Hungria e Isabel de Portugal, duquesa da Borgonha. Colocadas as narrativas das vidas das três personagens lado a lado, emergem repetições e similitudes, nas quais encontramos a essência da reencarnação. Obviamente, caberá a cada leitor fazer o seu juízo de valor perante os fatos, porém, no conjunto das três, verificamos como uma personalidade se desenvolve e se amplia nas ações meritórias, exemplificando-se o progresso próprio e incessante pela condição moral que apresenta, pois sendo as almas iguais pela filiação são diferentes pela consciência espiritual que revelam. Segundo testificou o próprio Chico sobre D. Isabel de Aragão, "*ela é um dos gênios espirituais protetores da raça luso-brasileira em diversas partes do mundo para que os povos luso-brasileiros conservem a fraternidade cristã que Jesus nos legou*" (Adelino da Silveira, *Chico, de Francisco*, CEU).

MARIA JOSÉ CUNHA

## CÉLIA LUCIUS, SANTA MARINA —
### SEMELHANÇAS ENTRE AS BIOGRAFIAS CATÓLICAS E O ROMANCE *50 ANOS DEPOIS* DE FRANCISCO CÂNDIDO XAVIER E EMMANUEL

CÉLIA LUCIUS, SANTA MARINA é a revivescência da vida daquela que Chico Xavier | Emmanuel descreveram no romance *50 anos depois* como "*o lírio que nasceu do lodo das paixões do mundo para perfumar a noite da vida terrestre*" e que a igreja católica canonizou no século V. Aqui, por meio do minucioso e irrefutável estudo biográfico realizado por Flávio Mussa Tavares, filho do saudoso Clóvis Tavares, de Campos | RJ, o leitor se deparará com diversos relatos sobre Célia, confirmando a veracidade da narrativa do médium mineiro nos idos dos anos 40, tal qual previra Emmanuel no prefácio da obra referenciada. Para os espíritas, a consolidação da interexistência de Chico no desdobramento do labor mediúnico a benefício da difusão da Doutrina e sua prática evangelizadora, exemplificando o amor e a humildade legitimamente cristãos. Para os demais, uma reflexão sobre as lutas transitórias da vida física e a realidade além-túmulo — a verdadeira vida de todos nós.

FLÁVIO MUSSA TAVARES

## EVANGELHO PURO, PURO EVANGELHO —
### NA DIREÇÃO DO INFINITO

Seguidor inconteste da Boa Nova do Cristo, e espírita em sua mais pura essência filosófica, Martins Peralva deixou para os estudiosos da Doutrina textos de iluminada sabedoria e reflexão, que foram reunidos no livro *Evangelho puro, puro Evangelho — Na direção do Infinito*, organizado por Basílio Peralva, e que a Vinha de Luz Editora trouxe a lume numa homenagem ao centenário de nascimento do *médium do século*, Francisco Cândido Xavier (1910|2010). A obra, que congrega artigos publicados na imprensa de 1945 a 1999, é indispensável ao homem de boa vontade, abordando temas imprescindíveis a todos os corações que jornadeiam rumo ao progresso espiritual.

MARTINS PERALVA
ORGANIZAÇÃO DE BASÍLIO PERALVA

## HUMANO COMO NÓS

HUMANO COMO NÓS traça um paralelo entre a maneira como arrumamos a casa mental e o modo como Jesus organizava a dele. O Mestre abriu caminhos, administrou crises e coordenou pensamentos com os olhos do coração, desenvolvendo, em seu cérebro, uma espécie de "manual de sobrevivência", que lhe protegia dos espinhos e armadilhas da vida. Diante de situações caóticas, ele não ficava nervoso, não falava mal de ninguém e não censurava os erros alheios. Sua alma se nutria de coisas e de gente simples. Usava a inteligência para amparar os que pediam ajuda. Como ser humano, traçou as diretrizes emocionais e psíquicas que nortearam a sua passagem pela face da Terra. As lições ocultas do Cristo podem ser aprendidas por qualquer um. Podemos consolar corações e enxugar lágrimas, pois as pessoas estão tristes, aflitas, depressivas e sem esperança. Recorrendo às Escrituras Sagradas, contudo, descobrimos um propósito maior – aplacamos dores, acalmamos ânimos, refreamos paixões, melhoramos a saúde e as finanças. O amor ensinado pelo Cordeiro de Deus é a essência da vida, que gera paz, saúde e prosperidade. Jesus, que foi de carne e osso como nós, norteou a sua existência terrena à luz de certos princípios, que a Casa Editorial e a Vinha de Luz Editora, em parceria, divulgam nessa obra que nos aproxima muito do Mestre dos mestres. É Evangelho puro e simples, fácil e acessível, em qualquer tempo e lugar. É "Jesus de novo para o coração do povo".

UADI LAMMÊGO BULOS

## O Evangelho para Crianças Segundo o Espiritismo

Esse livro é um pequeno resumo das lições ensinadas pelo nosso divino Mestre Jesus. Quem busca cultivar o Evangelho no lar abre a porta do seu lar ao Mestre, porque ele não entra em nossas casas pela janela ou forçando a entrada. O Senhor nos espera o convite do coração para entrar. Eis que ele bate à porta – eis que ele se dispõe a ajudar aos homens e mulheres de boa vontade.

**Erik Pitkowsky**

## Era uma vez para sempre

Voltado à evangelização infanto-juvenil, esse livro é um compêndio de mensagens de graciosa narrativa, que enfeixa os ensinamentos do Cristo sob a ótica do Espiritismo, correlacionados a diversos assuntos de ordem espiritual e humana. Suas personagens principais — crianças sedentas de amor e de conhecimento — encantam pela perseverança no bem, sempre amparadas pela nobre e sábia Vovó Angel, que, como o próprio nome já diz, é um anjo do Senhor em suas vidas de aprendizado rumo à luz.

**Pelo Espírito Blandina**
**Psicografia de Carlos Malab**

Departamento Editorial da Casa de Chico Xavier
Rua Felipe dos Santos, 901 – 10º andar
Lourdes | 30180-165 | Belo Horizonte | MG
(31) 2531-3200 | 2531-3300 | 3517-1537

www.vinhadeluz.com.br
informacoes@vinhadeluz.com.br

www.casadechicoxavier.com.br
informacoes@casadechicoxavier.com.br

www.saberespiritismo.com

Este livro foi composto em tipologia Zapf Humanist, corpo 11, predominantemente.
Capa impressa em papel Supremo 250g e miolo impresso em Pólen Soft 80g.

www.ingramcontent.com/pod-product-compliance
Lightning Source LLC
LaVergne TN
LVHW011930070526
838202LV00054B/4575